Single-Frauen

Ledig – frei und unbeschwert?

Lucette Achermann
Irène Hubschmid

Single-Frauen
Ledig – frei und unbeschwert?

Verlag Huber
Frauenfeld Stuttgart Wien

© 2010 Verlag Huber Frauenfeld
an Imprint of Orell Füssli Verlag AG, Zürich, Switzerland
Alle Rechte vorbehalten
www.verlaghuber.ch

Dieses Werk ist urheberrechtlich geschützt. Dadurch begründete Rechte, insbesondere der Übersetzung, des Nachdrucks, des Vortrags, der Entnahme von Abbildungen und Tabellen, der Funksendung, der Mikroverfilmung oder der Vervielfältigung auf andern Wegen und der Speicherung in Datenverarbeitungsanlagen, bleiben, auch bei nur auszugsweiser Verwertung, vorbehalten. Vervielfältigungen des Werkes oder von Teilen des Werkes sind auch im Einzelfall nur in den Grenzen der gesetzlichen Bestimmungen des Urheberrechtsgesetzes in der jeweils geltenden Fassung zulässig. Sie sind grundsätzlich vergütungspflichtig.

Umschlaggestaltung: Barbara Ziltener, Frauenfeld
Bildnachweis: alle Fotos aus dem Privatarchiv der Porträtierten ausser:
S. 66: aus dem Gosteli-Archiv, Worblaufen; S. 172: Archiv Lucette Achermann;
S. 188: Foto Ute Willing: von Jorinde Gersina
Druck: fgb • freiburger graphische betriebe, Freiburg

ISBN 978-3-7193-1546-7

Bibliografische Information der Deutschen Nationalbibliothek:
Die Deutsche Nationalbibliothek verzeichnet diese Publikation in der Deutschen Nationalbibliografie; detaillierte bibliografische Daten sind im Internet über http://dnb.d-nb.de abrufbar.

Inhalt

6 Vorwort

9 Ruth (*1947) – Journalistin
33 Irma (*1943) – Immobilienverwalterin
47 Gül (*1953) – Dramaturgin, TV-Produzentin, Redakteurin
59 Dora, «l'oiseau bleu» (*1939) – Schriftstellerin, Malerin und Troubleshooterin
67 Paula (*1926) – Krankenschwester und Hebamme
79 Heidy (*1957) – Autorin
93 Claudia (*1958) – Künstlerin
105 Stephanie (*1947) – erste Towerfrau und Allrounderin
117 Petra (*1957) – Hauswartin, Kosmetikerin und Fusspflegerin
127 Marthe (*1917) – Pionierin der Schweizerischen Frauenbewegung für die Gleichstellung der Frau in der Gesellschaft und im Staat
145 Irina (*1943) – ehemalige Ordensfrau und Sekundarschullehrerin
159 Margrit (*1926) – Sekretärin und Krankenschwester
173 Helene (*1926) – Serviertochter, Reisebüroangestellte und alleinerziehende Mutter
189 Ute (*1958) – Schauspielerin

Vorwort

Am Anfang war das Wort. In diesem Fall die Unworte *Alte Jungfern* – oder in der light-Version *Späte Mädchen*. Diese despektierlichen Benennungen haben mich schon seit jeher gestört. Heute sind sie in der Versenkung verschwunden. Nicht aber die Frauen, die das Lebensmodell der lebenslang Ledigen leben.

Mit 14 *Fräuleins*, wie sie bis weit in die Sechzigerjahre hinein genannt wurden, haben Irène Hubschmid und ich geredet und viel erfahren. Die einzige Gemeinsamkeit, die unseren bunten Reigen von Damen zwischen 52 und 92 eint, ist, dass sie unverheiratet blieben – freiwillig oder schicksalsbedingt.

Aus unseren Gesprächen ist eine Reihe von Texten entstanden – in Ton und Atmosphäre sehr unterschiedlich. Fragmente aus dem Leben von Frauen, die ihren Weg als Alleinstehende gegangen sind. Der weite Fächer, den wir ausgebreitet haben, kann nicht alle Facetten abdecken, sondern gibt nur spaltweit Einsicht in 14 Frauenschicksale mit einem besonderen Augenmerk auf ihre Lebensform. Es sind zumeist Menschen ohne klingende Namen, die für viele Betroffene stehen, mit einer grossen Palette an denkwürdigen Erlebnissen – Berührendem und Wissenswertem. Einige empfanden ihr Leben als wenig mitteilenswert, und wenn sie sich öffneten, brachte das einen Prozess in Gang, löste Gemütsbewegungen aus. Längst Abgelegtes oder Verkrustetes wurde zutage befördert, auch Begebenheiten, die an alten Narben kratzten. Wir haben die Erzählungen auf Tonbändern aufgezeichnet und zu den einzelnen Kapiteln verarbeitet. Wenn der Rohtext vorlag, staunten die Erzählerinnen oft, wie viel in ihrem «doch so unspektakulären» Leben vorgefallen ist. Ein sorgfältiges Abwägen begann, wie viel Privates sie über ihr Single-Dasein freigeben, wie stark sie sich exponieren wollten.

Andere Erzählkandidatinnen, deren Erlebnisse mit gesellschaftlichen Tabus verknüpft waren, haben sich auch heute noch nicht ganz von den Folgen der erlittenen Schmähungen gelöst und möchten ihre Identität nicht preisgeben. Sie erzählten uns zögerlich vom «Korsett», das die Gesellschaft ihnen jahrzehntelang überstülpte. Sie reflektierten subjektiv über die verpassten und wahrgenommenen Möglichkeiten, die Zwänge und Freuden. Wer an Narben kratzt, ist zweimal verwundet.

Drei Frauen schneiderten sich aus dem Stoff ihres Lebens ihr eigenes «Textkleid».

Die älteste Interviewpartnerin mit dem wohl grössten Erfahrungshorizont ist gleichsam die kämpferischste. Während ihres langen Lebens hat sie den Wandel in der Gesellschaft mitgestaltet und miterlebt, wie die alten Rollen aufgebrochen wurden. Vom «altjüngferlichen Leben», das vor sechzig Jahren noch eine abweichende Lebensform vom Verheiratetenstatus darstellte, bis zum modernen Single-Dasein. In den vierzig Jahren, die zwischen der ältesten und den jüngsten Erzählkandidatinnen liegen, ist viel passiert. Die jüngsten wählten ihre Karriere eigenständig, selbstbewusst und losgelöst von jeglichen Zwängen, ohne Rücksicht auf ihren Zivilstand und waren eher bereit, ihr Herz zu öffnen.

Wir danken allen Kandidatinnen herzlich für ihren Mut und zollen ihnen grossen Respekt für ihre Bereitschaft, dass sie sich darauf eingelassen haben, uns mit ihren Erzählungen ein Stück Alltagsgeschichte aus einem besonderen Blickwinkel zu gewähren.

Lucette Achermann

Ruth (*1947)
Journalistin

«Noch Jahre später rätsle ich in Genf mit einer Freundin, wieso streitbare Frauen die besten Männer haben, während wir zwei, ach so Lieben und Braven, leer ausgehen.»

Wer in einem Landgasthof aufwächst, sieht sich unweigerlich einem Wechselbad der Gefühle ausgesetzt. Wir drei Töchter wollen die Aufmerksamkeit unserer durchaus liebevollen Eltern, aber die Gäste wollen auch hofiert sein, und zwar von 08.00 bis 00.30 Uhr, sieben Tage die Woche. Das Rennen machen die Gäste, denn bei uns gilt der Satz: «Der Gast ist König, er bringt uns das Geld.» Wie herzhaft wünsche ich diese Könige und Kaiser manchmal zum Teufel. Geld ist ein schnöder Grund, uns Kinder mit der Begründung «Ich habe jetzt keine Zeit» immer wieder auf später zu vertrösten. Meine jüngste Schwester rebelliert lautstark, kommt zeitweise in ein Internat. Ich gehe den andern Weg: baue innerlich Verteidigungsmauern auf, ziehe mich zurück und folge meinem eigenen, trotzigen Kernsatz: «Ich brauche niemanden, ich mache es allein.» Ein fataler Satz!

Dabei bemühen sich meine Eltern nach Kräften, gute Eltern zu sein. Beide sehr kreativ, basteln sie uns in jeder freien Minute einen Krämerladen. Sie stellen ein Zelt auf die Terrasse, und die Nachbarskinder campieren bei uns. Geborgenheit stellt sich ein, wenn Grosseltern, Angestellte, Eltern und Kinder um den Tisch sitzen und Berge von Mutters im Bierteig ausgebackenen «Öpfuchüechli» verschlingen, geliebt fühle ich mich, wenn meine Eltern für uns einen bis zur Decke reichenden Christbaum schmücken. Poliert unser Portier Tino die Kegelbahn, sitze ich auf der Maschine und singe lauthals italienische Lieder mit ihm. Winters schlitteln wir den Dorfhügel runter, gehen ins Skilager, sommers kriegen wir auf Rollschuhen fast die Kurve am Ende der Hauptstrasse nicht, lernen schwimmen. Und dann der absolute Hit: Unsere Familie hat als eine der ersten im Dorf einen Fernseher. Damals heissen die Serien nicht «Sex and the City», sondern «Fury» oder «Lassie», die bis zu zwanzig Kinder gebannt verfolgen – und wir Töchter sind mächtig stolz, dass wir ihnen das bieten können.

Es gibt unzählige Glücksmomente im Hotel. Es sind ja nicht alle Gäste nur fordernd. Leider gibt es einen weiteren Familiensatz: «Der Gast hat immer recht.» Widerspruch ist verboten, die eigene Meinung nicht gefragt. Auch meine nicht. Doch so weit wie meine Grossmutter gehe ich nie: Sie sitzt – überspitzt erzählt – mit Meier und Müller am Tisch. Der Meier sagt: «Das Tischtuch hat ein wunderschönes Rot.» Meine Grossmutter: «Da haben Sie völlig recht, Herr Meier.» Der Müller kontert: «Ich empfinde das eher als Grün», was meine Grossmutter mit «Das könnten Sie richtig sehen» quittiert. Eine bravouröse Leistung, die sie in alltäglichen wie politischen Belangen tagtäglich vollführt!

Ebenso häufig hören wir: «Was denken wohl die anderen?» Bei rund 6000 Einwohnern ist das in unserem Dorf allein schon relativ schwierig zu eruieren, geschweige denn beim Rest der Welt. Meinen Schwestern ist das völlig egal, ich aber versuche das absolut Unmögliche, lerne, mich auf andere auszurichten, glaube, ich sei nur liebenswert, wenn ich allen in allen Punkten gefalle. Ich werde ein angepasstes, folgsames Kind und bin noch heute der Liebling meiner Mutter. Leider merke ich bei all dem Bravsein nicht, dass ich mich selber verliere.

Berufswunsch? Im Jahr 1962 kann eine 15-Jährige auf dem Lande entweder Kindergärtnerin, Verkäuferin, Arztgehilfin, Sekretärin oder Lehrerin werden. Nichts davon sagt mir zu, ich weiss nicht, was ich will. Wie auch, ich spüre mich nicht. Da sitzt eines Tages der Bürgermeister im Restaurant und fragt nach meinen Plänen. Betretenes Schweigen. «Dann schickt sie doch in die Handelsschule, das ist eine gute Basis.» Am nächsten Tag bin ich angemeldet. Dabei wollte ich nie werden, was ich dann wurde: Sekretärin. Ich habe später etliche Fluchtversuche unternommen, teils abenteuerliche, um dem ungeliebten Beruf zu entkommen – beim achten oder neunten Mal klappte es. Immerhin.

Neben dieser angepassten Seite habe ich durchaus eigenwillige Charakterzüge. Da besonders meine Mutter sehr sparsam ist, komme ich selten zu neuen Kleidern. Also lasse ich bei der Schneiderin nähen, passe eine Sehr-gute-Laune-Phase meiner Mutter ab – und präsentiere ihr die Rechnung. Rechnungen werden bei uns immer bezahlt, das ist Ehrensache.

Oder die Theaterabende. Nach dem Operetten-Besuch will es die Tradition, dass man in einer Wirtschaft Pastetli mit Rüebli und Erbsen isst. Das will ich auch. Kann ich aber nicht, da ich zu Hause unweigerlich hinter dem Buffet zum Gläserwaschen verdonnert werde. Also gehe ich mit Freunden ins Theater, esse die Pasteli bei der Konkurrenz, um anschliessend, wenn bei uns alles dunkel ist, im eigenen Restaurant weiterzufeiern. Bis es in den frühen Morgenstunden zu laut wird und meine Eltern erwachen. Ende.

Im Aussen bin ich unschlagbar schlagfertig, gewinne im Freundeskreis meist die Wettkämpfe um das letzte Wort, bin aufgestellt, fröhlich, begeisterungsfähig, unkompliziert, unternehmungslustig, und ich tanze fürs Leben gern. Gleichzeitig bin ich scheu, ängstlich und zurückgezogen. Sobald ich allein bin, falle ich ins Grübeln, fühle mich ohne Antrieb, lustlos, zweifle an meinen Fähigkeiten, ich fühle mich leer, verloren und hilflos. Dass mich jemand gern haben könnte – unvorstellbar, ich habe ja keinen Wert, bin langweilig, hässlich, dumm. Trost finde ich in Büchern: Sie sind einerseits Flucht – sie lenken mich von meinen negativen Gefühlen ab –, andererseits erzählen sie mir Geschichten, öffnen mir Welten, Bilder, schenken mir Ansichten und Erkenntnisse.

Ich mag die Handelsschule nicht, bin eine völlige Minimalistin. In Primar- und Sekundarschule hatte das Wenige gereicht, um zu den Besten zu gehören, diesmal nicht. Meine Eltern erhalten eine Warnung, dass ich wegen schlechter Leistung nächstens von der Schule fliege. Bisher musste ich mich nie anstrengen, und nun das – der drohende Rauswurf. So langweilig ich Stenografie, Maschinenschreiben, Wirtschaftskunde und Grammatik finde – ich klemme mich hinter die Bücher.

Ich lerne, nicht zum ersten und nicht zum letzten Mal, mich durchzubeissen.

Noch etwas passiert zu derselben Zeit: Ich bin hoffnungslos verliebt. Echt verliebt mit Herzflattern, schlaflosen Nächten, Appetitlosigkeit und Heisshungerattacken. Er, der Maturand, mag mich sehr – aber er liebt mich nicht. Wie auch? Ich habe ja gelernt, dass ich nur angepasst liebenswert bin. Also lese ich ihm jeden Wunsch von den Augen ab, versuche herauszufinden, was er über ein Thema denkt, um dann die gleiche Meinung zu vertreten. Ich habe keine eigenen Ideen und Pläne und will nur das umsetzen, was ihm gefällt. Ich lösche mich sozusagen selber aus, werde ein blinder Fleck, für den Mann nicht mehr fassbar. Noch Jahre später rätsle ich in Genf mit einer Freundin, wieso streitbare Frauen die besten Männer haben, während wir zwei, ach so Lieben und Braven, leer ausgehen.

So leicht gebe ich mich allerdings nicht geschlagen, ich wende die altbewährte Frauentaktik an und will ihn eifersüchtig machen. Ich stolziere Händchen haltend mit einem anderen durchs Dorf, der sich prompt in mich verliebt, denn bei ihm bin ich kein blinder Fleck, meine Gefühle sind ja nicht gross im Spiel. Wir knutschen, weiter geht es nicht, denn meine Mutter befiehlt klipp und klar: «Du gehst keusch in die Ehe!» So ganz sicher bin ich mir da nicht, aber im Moment halte ich mich daran. «Die Frau ist dem Manne untertan» ist Allgemeingut, Frauen haben kein Stimmrecht und auch sonst wenig Rechte. Dazu kursieren katholische Ratgeber mit Inhalten wie: «Auch wenn ein Mann trinkt und seine Frau schlägt, muss die Frau alles still ertragen. Dafür kommt sie dann in den Himmel.» Danke.

Ich will nicht in den Himmel, ich will nach England und komme 1966, also mit 19 Jahren, zu einer Familie mit zwei kleinen Kindern, die antiautoritär erzogen werden. Das war damals Mode. Sind die Kinder ungehorsam, steht die Frau in die Zimmerecke und zählt auf zehn, um sich zu beruhigen. Ich bemühe mich nach Kräften, es ihr gleichzutun, lese «Summerhill» und entdecke die friedliche Hippie-Bewegung. Trotzdem – ich langweile mich. Es gibt nicht viel zu tun, die Kinder sind klein, die Putzfrau hält das Haus sauber, der Gärtner schaut nach dem weitläufigen Garten. Der Winter ist trostlos, und wir wohnen völlig abgeschieden auf dem Lande. Es ist so langweilig, dass meine Eltern einverstanden sind, mir Autofahrstunden zu finanzieren, um der Eintönigkeit zu entkommen. Einen Tag vor meiner

Abreise ist die Fahrprüfung angesagt. Links fahren, Handsignale geben und gleichzeitig um die Kreisel fahren ist etwas *too much*, ich verpasse den Führerschein um wenige Punkte. Hauptsache, ich kann abreisen.

Und wieder stellt sich die Frage: Was nun? Da treffe ich eine Freundin, die begeistert von einer Sprachschule in Madrid erzählt. Ich brauchte drei Tage, um meine Eltern zu überzeugen, dass Spanisch unbedingt in den schulischen Rucksack einer Sekretärin gehört – zwei Wochen später lande ich in Madrid. Was für ein Unterschied zum englischen Landadel. Ich hole alles nach, bin keinen Abend zu Hause, sondern gehe tanzen, besuche Jazzkeller, Kinos, trinke zu viel, diskutiere nächtelang mit Mitstudenten über Politik, Gott und die Welt. 1967 regiert Franco. Meine Mutter ist in der Schweiz besser über Studentenunruhen informiert als ich am Ort des Geschehens, ihre besorgten Briefe finde ich absurd. Denn ich, ich fühle mich frei, das Leben ist herrlich. So herrlich, dass ich darüber das Lernen vergesse und nach drei Monaten Schule ohne Diplom dastehe.

Nach Hause will ich nicht, also suche ich mir eine Stelle als Sekretärin. Von 08.00 bis 14.00 Uhr sechs Tage die Woche arbeiten, Siesta am Nachmittag, nachts in den Ausgang, morgens arbeiten und nachmittags wieder schlafen. Super. Für eine Mutprobe lerne ich in Warenhäusern klauen und – viel schwieriger – zwinge mich, es wieder zu verlernen.

Per Autostopp entdecke ich mit einer Mitstudentin Alicante, Benidorm – das verschlafene, romantische Dorf, durch das abends die Bänkelsänger ziehen, sollte ich 13 Jahre später nicht wiedererkennen –, später Burgos, Bilbao und San Sebastian. Nur einmal haben wir Probleme mit einem Fahrer, der sich mit uns ins Gras legen will. Wir verweigern den Dienst und müssen zur Strafe – dem Armen fehlt nun der Antrieb – bis nach Madrid stundenlang singen, sonst wäre er am Steuer eingeschlafen.

Männer? Da gibt es viele. Einige interessiert, andere freundschaftlich verbunden, doch keiner löst in mir Gefühle aus wie der Maturand. Ganz vergessen habe ich ihn auch im turbulenten Madrid nicht. Die Stadt ist gut für mich. Ich fühle mich begehrt, interessant, angenommen, so wie ich bin. Ich kann mir zwar heute nicht vorstellen, dass sich alle meine Minderwertigkeitskomplexe in Minne aufgelöst hätten, doch Erinnerungen an schwere Depressionen wie später in Genf gibt es keine. Und meine Tagebücher habe ich im Laufe des Lebens weggeschmissen.

Nach sechs Monaten werde ich nach Hause gerufen, da meine Mutter ins Spital muss. Die Madrider Firma stellt mir ein Zeugnis aus, in dem auch steht, dass ich ausgezeichnet Spanisch könne – das fehlende Diplom ist somit kompensiert. Nur, bei meiner Rückkehr nach sechs Monaten findet am selben Tag ein Dorffest statt. Weder Vater, Mutter, Grosseltern noch Schwestern finden Zeit, mich zu begrüssen. Die Gewissheit, nur zweite Garnitur zu sein, ist wieder voll da.

Zu Hause gibt es viel zu tun, denn so ein alter Landgasthof ist arbeitsintensiv. Für jedes Sandwich in die Küche im ersten Stock rennen, die nasse Wäsche drei Etagen in den Estrich hochstemmen, da bleibt nicht viel Zeit zum Überlegen. Und doch, ich unternehme meinen ersten Fluchtversuch aus dem Beruf und unterschreibe einen Vertrag für eine Fernausbildung zur Grafikerin. Mein Vater engagiert einen Anwalt, um den Vertrag zu annullieren. Ich bin stocksauer, fühle mich behandelt wie ein kleines Kind – und weiss bis heute nicht, ob die Annullation gut oder schlecht war.

Sechs Monate später ist meine Mutter wieder gesund, ich ziehe nach Genf – möglichst weit weg vom Hotel. Ich finde ein schmuddeliges Zimmer bei einem siebzigjährigen Journalisten, ein Gobelin mit röhrendem Hirsch hängt über dem Bett, in dem ich wenig später meine Unschuld verlieren werde. Weil ich finde, mit 21 Jahren sei ich lange genug Jungfrau gewesen. Das Resultat war entsprechend.

Ich bin auch sonst meiner Zeit voraus, liege bereits 1968, mit 21, auf der Couch eines Psychiaters und lasse mir etwa zur gleichen Zeit in Yverdon meine Nase korrigieren. Ich komme mit mir nicht zurecht. Ich weiss, dass meine Selbstzweifel nicht gerechtfertigt sind, und doch halten sie sich hartnäckig. Mein Verstand sagt mir, dass ich eine rundum gute Frau bin, mein Gefühl, dass ich nichts wert bin. Im Aussen regiert der Verstand, da gibt es keine Probleme, meine Arbeit als Sekretärin wird geschätzt. Ich habe mit zwanzig eine «Untersekretärin», Kaffee und Gipfel werden ans Pult serviert, der Chef ist überwältigt von meiner Kapazität, seinen Kalender in null Komma nichts mit Kundenterminen zu füllen.

Ich habe französischsprachige Freunde, gehe mit ihnen ins Kino, um die neuesten Antonioni, Bergmann, Truffaut, Tanner oder Goretta zu sehen, lese nächtelang Henry Miller, Anaïs Nin und Simone de Beauvoir, kenne die Dancings der Stadt, rauche Gauloise und trinke Pastis und Gamay in meinen Stammlokalen «Commerce» und «Le Philosophe». Da bin ich die starke, unabhängige Frau. Doch sobald meine Gefühle angesprochen sind, schwimme ich in trübem Wasser. Ich bin beliebt, finde mich selbst aber hässlich, dumm, langweilig und ungebildet. Und so spreche ich innerlich auch mit mir – ein endloser Strom von «Du bist die Letzte», «So doof kannst ja nur du sein» etc., etc., es hört nie auf. Auch der Psychiater kann diese Negativspirale nicht stoppen.

So kann es nicht weitergehen, ich will ausbrechen, will 1971 in einen Kibbuz nach Israel. Doch meine Eltern haben Angst wegen den kriegerischen Auseinandersetzungen. Also suche ich weiter und entdecke den Internationalen Zivildienst – der einzige Hilfsdienst, bei dem man nicht beten muss. In Realp bauen wir, eine Gruppe von rund zwölf jungen Schweizern, Amerikanern, Tschechen, Italienern und Deutschen, einen Weg vom Dorf in den hoch gelegenen Wald, um den Bauern zu erlauben, diesen wieder aufzuforsten. Wir schlafen auf Strohsäcken, waschen uns im eiskalten Bach, führen endlose Gespräche über Gott und die Welt, lachen über jeden Witz und schliessen Freundschaften fürs halbe Leben. Hier treffe ich Anna, eine weit gereiste Bernerin, die zwei Jahre vor mir mit der Transsibirischen quer durch Russland nach Japan reisen wird, von Anna höre ich erstmals vom geheimnisvollen Volk der Hunza im Norden Pakistans, das ich viel später, zu meinem vierzigsten Geburtstag, besuchen werde.

In der Gruppe habe ich mich aufgehoben gefühlt, zurück in Genf falle ich in eine tiefe Depression, obwohl ich subito eine neue Stelle bei einer Bank finde, die alte Wohnung in der Altstadt wieder beziehen kann. Ich schleppe mich ins Büro, erledige lustlos meine Arbeit, schleppe mich nach Hause – meine Welt ist grau, grau in allen Schattierungen, bis zu schwarz mit Selbstmordgedanken. Wochenlang keine Farben. Freunde wimmle ich ab, Sinn des Lebens? Keine Ahnung. Und doch, irgendwie, irgendwann finde ich den Weg zurück ins bunte Leben und trete sofort die Flucht nach vorn an: Ich bewerbe mich um eine Stelle als Hotelsekretärin für die Wintersaison in Flims. Mit diesem Erfahrungsschatz, stelle ich mir vor, finde ich später problemlos eine Stelle im mexikanischen Acapulco – meine Tante hat dort so ihre Beziehungen.

Nach sechs Monaten ist mir jedes weitere Hotel, Acapulco inklusive, völlig vergällt. 1971 ist die Unterbringung der Angestellten nicht gerade rosig: Mein Zimmer liegt in der Eingangshalle gleich neben dem Büro. Toilette? Quer durch die Halle, je nach Tages- und Nachtzeit im Morgenmantel an den Gästen vorbei, duschen kann ich einmal die Woche in der Direktionswohnung. Arbeitszeiten: 08.00 bis 14.00, 16.00 bis 20.00 Uhr, jeden zweiten Abend bis 23.00 Uhr, sechs Tage die Woche. Nicht genug, das Zimmer liegt über der Bar, der Pianist kann noch so brillant spielen, seine Musik raubt mir den Schlaf. Also sitze ich jede Nacht Whisky schlürfend an der Bar. Resultat: Nach sechs Monaten bin ich so erschöpft, dass ich am Telefon mit Freunden nur noch heule und nur noch eines will: eine eigene Wohnung. Kein Gruppengefühl wie in Realp. Dabei will ich mich anfänglich von den anderen Angestellten nicht abgrenzen, gebe meinen gesamten ersten Monatslohn von 900 Franken für gemeinsame alkoholisierte Ausgänge aus. Das kann es nicht sein! Sparen ist bei mir zwar verpönt, seitdem ich drei Jahre zuvor durch einen schlechten Aktienkauf mein ganzes «Vermögen» verloren habe, doch den ganzen Lohn im Schnapsdunst verschwinden sehen – nein. Da bestelle ich lieber ein Taxi und gehe ganz allein einige Dörfer weiter zum Tanz, was ich niemandem verrate. In der transparenten Hotelgesellschaft brauche ich dringend ein Geheimnis. Auch in diesem Hotel gibt es eine Hotelierstochter mit einem fehlenden Selbstwertgefühl, das sie mit Tonnen von Essen zu kompensieren sucht.

Vier Jahre später, auf der Asienreise, werde ich meine unbewusste Angst vor dem Alleinreisen auf dieselbe Weise überdecken. Obwohl ich allgemein Salziges dem Süssen vorziehe, widerstehe ich in Asien keiner Bäckerei, kaufe in jeder drei Kuchen samt Milkshake und probiere mich quer durch alle Garküchen. Essen gibt mir Sicherheit – und einen schützenden Speckgürtel. Die ersten schweizerdeutschen

Worte, die ich nach sechs Monaten von meinem Vater hören soll, waren nicht etwa: «Schön, bist du wieder da», nein, ihm entfuhr spontan: «Jesses, hesch du gfeisset!» Nett.

Also kein Acapulco für mich, nach Flims will ich nur noch zurück nach Genf. Eine Stelle zu finden ist leicht, und die alte Wohnung ist – oh Wunder – frei. Endlich habe ich wieder eine Privatsphäre.

Über Silvester fahre ich mit Freunden nach Zermatt zum Skilaufen – da, knacks, ich liege mit gebrochenem Bein am Boden und werde mit dem Schlitten ins Julen-Spital gebracht. Was für ein Glück! Durch dieselben Gänge humpelt ein Neuseeländer namens Grant, der jahrelang durch die Welt trampte – um ihm zu gefallen, werde ich allein durch Asien reisen, um ihn zu gewinnen, mit geborgtem Geld nach Neuseeland fliegen. Und noch etwas beschert mir der Beinbruch dank dreimonatigem, zwangsläufigem Geldsparen zu Hause: mein erstes eigenes Auto, einen knallroten Mini. Auf der ersten Fahrt quer durch die Stadt Genf kann ich meinen Knien beim Zittern zuschauen.

Zu der Zeit, mit rund 26 Jahren, fühle ich mich vom Schicksal immer noch verschaukelt, schlecht behandelt, dem Zufall ausgeliefert. Ich bin fest überzeugt, dass alle andern Menschen in liebevollen, perfekten Familien aufgewachsen sind, dass sie keine Probleme mit ihrem Selbstwertgefühl haben, fest verankert im Leben stehen. Eine absolut falsche Sichtweise, die ich in vielen Gesprächen revidieren muss. Und doch. Es bleibt alles im Kopf, nichts geht ins Herz. Ich weiss, dass ich positivere Gefühle aufbauen muss, weiss, dass ich die Schuld nicht nur meinen Eltern und dem Hotel zuschieben kann. Ich lese G.C. Jung, studiere Psychologie und lese Bücher über Selbstfindung, doch alles spielt sich auf der Verstandesebene ab, kratzt nur an meinen Gefühlen. So kann ich mich nicht ändern, was ich damals aber nicht begreife. Ich verzweifle an mir, mache mir Vorwürfe, dass ich innerlich nicht weiterkomme. Beschuldige mich, zu dumm, zu gefühllos zu sein. Im Aussen bin ich die starke Freundin, im Innern taucht ein stets wiederkehrendes Bild auf: Da ohne tiefe Beziehung, in der ich auftanken könnte, läuft meine Lebenskraft aus, ich werde leerer und leerer, finde mich völlig ausgelaugt, ohne Hoffnung auf neue Energie – das macht Angst.

Ein erneuter Versuch, aus dem verhassten Beruf auszubrechen, schlägt fehl. Zehn europäische Goldschmiede eröffnen eine Galerie in Genf, die ich führen soll. Der Vertrag ist unterschrieben, die alte Stelle gekündigt, da erklären sie mir, dass sie kein Geld hätten, sich eine Geschäftsführerin zu leisten. Dabei liege ich mit meinen Forderungen schon weit unter dem Sekretärinnengehalt. Ausgeträumt.

Langsam habe ich genug von Genf, auch fühle ich mich in der Sprache nicht wirklich zu Hause. Eher im Englischen, habe ich doch die ganzen sechs Jahre in Genf nur für amerikanische Firmen gearbeitet. Dabei spreche ich dank einem hauptsächlich aus Romands bestehenden Freundeskreis fliessend Französisch. Ich wechsle nach Zürich.

Eine Stelle zu finden ist 1974, im Alter von 27 Jahren, kein Problem. Grant würde mich auf seinen Reisen auch in Zürich besuchen. Statt im «Commerce» verkehre ich in der «Bodega» und im «Turm», wo sich an den langen Tischen jeder mit jedem unterhält. Zürich gefällt mir – und gefällt mir heute, 35 Jahre nach meiner Ankunft, immer noch.

18 Monate später, um genau zu sein am 9. September 1975, stehe ich, einen 13 Kilogramm schweren Rucksack zu Füssen, im Bahnhof von Wien. Mir scheint, die Treppe zu den Perrons steigt bis in den Himmel. Leute hasten vorbei, Durchsagen scheppern im Lautsprecher, mein Rucksack ist zentnerschwer, den krieg ich nie da rauf. «Und du willst nach Asien?», frag ich mich spöttisch, «am besten steigst du gleich wieder in den Zug nach Zürich!» Sicher nicht! Alle bewundern meinen Mut, allein nach Asien zu reisen, lachhaft, in Wien schon aufzugeben. Auch wartet Grant in Indien auf mich. Ehrlich gesagt, wäre ich lieber mit ihm zusammen durch Afghanistan und Pakistan nach Indien gereist, er aber wollte sich nicht mit einer unerfahrenen Frau belasten. Also beweise ich ihm nun, dass ich das alleine kann. Und er ist hoheitsvoll bereit, mit mir als dannzumal erfahrener Reisenden Indien zu entdecken. Also, meine Liebe, sammeln wir Erfahrungen. Ich nehme Schlafsack und Apothekerkoffer aus dem Rucksack, schwinge diesen auf den Rücken und klemme die beiden Sachen unter den Arm. Keuchend und mit hochrotem Kopf schaffe ich die letzte Stufe – es kann weitergehen.

Durch die Tschechoslowakei und Polen nach Moskau. Mein Hotel liegt direkt am Roten Platz, nachts, mit leichtem Bodennebel, wirkt die Basilika abgehoben, wie ein unwirklicher Traum aus Tausendundeine Nacht. Wunderschön. Und doch. Ich werde in Irkutsk Albträume haben wie sonst nie in meinem Leben. Alles in Russland ist verlogen, versteckt. Ein Deutscher, der in Russland arbeitet: «Es gibt geheime Läden, in denen sich die Reichen alles kaufen können, in derselben Qualität wie bei uns im Westen.» Glaub ich sofort, halten doch vor dem Museum teure, verdunkelte Autos, denen vornehm gekleidete Damen entsteigen. Definitiv keine Touristinnen, der Reiseführer ist um eine Erklärung verlegen. Dafür informiert er uns, diese schöne Jugendstilvilla habe die Regierung dem Volk geschenkt. Und wem hat sie das Haus vorher weggenommen? Leute sprechen mich in der Metro hinter vorgehaltener Hand wispernd auf Deutsch an, und im Transsibirischen Zug wollen sich weder Vladimir noch Tanja, mit denen ich radebrechend drei intensive Tage verbringe, von mir fotografieren lassen – zu gefährlich für sie.

Wir fahren durch endlose Steppen, durch Birkenwälder, vorbei an blau bemalten Holzhäuschen. War ich die einzige Ausländerin in einem vollen Zug ab Moskau, steigen nun bei jeder wichtigen Haltestelle Ausländer zu, unter ihnen der Schweizer Daniel, der in ein Zen-Kloster will, Eckehart, der deutsche Architekt, der nach Japan zurückkehrt, Margot, die ihren Mann in Tokio besucht, und der deutsche Lehrer Helmut, der wie ich durch Asien trampen will. Zwischen uns wird sich am letzten Abend eine Diskussion entwickeln, die mich tief beeindruckt. Nach einem heftigen Disput um Fellini und Bergmann vertieft sich das Gespräch, jeder versucht, sich dem anderen zu erklären, den anderen zu verstehen – ein Seelen-Striptease, der mich aufwühlt. Ich erkenne, dass dies wahre Nähe ist, erkenne, wie weit weg ich von diesem Ziel bin. Ich habe dieses Gespräch nie mehr vergessen – und nie mehr diese Intensität mit anderen erreicht.

Schon taucht die Küste Japans auf. Viel zu früh, zu schnell. So viel ist passiert in diesen 14 Tagen, meine Seele kommt nicht mit, ich fühle mich gehetzt. Helmut möchte, dass ich mit ihm weitertrampe, doch ich bin überzeugt, dass ich alleinreisend mehr erleben werde.

Was für ein Trugschluss! Als Frau ist man Männern, leeren Landschaften und düsteren Gassen gegenüber misstrauisch, muss tagsüber ankommen, um sich bei Tageslicht eine Bleibe zu suchen etc., etc. Vor allem aber fehlt der Partner, um Freude und Frust zu teilen, um Entdeckungen zu besprechen, gemeinsam Pläne zu schmieden. Eigentlich ein ganz schönes, tägliches (Entscheidungs-)Gewicht, das auf den eigenen Schultern lastet, zusätzlich zum Verarbeiten all der neuen Eindrücke.

Und Eindrücke gibt es. Japan ist der absolute Gegensatz zu Russland. Ein Schock. Fast leere Läden mit braunen, langweiligen Papierpackungen in Russland, ein überwältigendes Angebot an bunt verpackten Früchten und Gemüse, an Pasta, Fleisch und Fisch in allen Formen und Farben in Japan. Und doch. Der Überfluss ist eher unheimlich, abstossend. War es in Russland zu wenig, ist es hier zu viel.

Helmut hatte mir die Adresse einer Kibbuz-ähnlichen Organisation in Japan gegeben. So würde ich nun doch noch zu meinem Kibbuz kommen! In der Nähe von Nikko erhalte ich Arbeit auf einer Hühnerfarm, obwohl ich erkläre, dass ich Angst vor Hühnern habe und keine Eier im Hühnerhof auflesen werde. Ich putze Eier von kugelrund bis oval mit Schmirgelpapier – seither weiss ich, wie kräftig Eierschalen sind. Dieser japanische Kibbuz wäre gern einer, ist er aber nicht. Keine Spur von Gemeinsamkeit. Ein älterer, verknorzter Engländer leitet das Projekt, eine folgsame japanische Familie tut, was er befiehlt. Ab und zu schaut ein Professor von der Universität Tokio vorbei. That's it. Und wir, zwei Amerikaner und ich, arbeiten mit. Was die anderen zwei antreibt, weiss ich nicht. Ich warte auf ein billiges Flugticket, das ich bei meinem in Bangkok wohnenden Freund Hugo bestellt habe. Der aber sitzt ferienhalber in der Schweiz. Was ich nicht weiss. Da kein Handy und kein Internet. Und so warte ich und warte. Besuche das Festival in Nikko, fahre mit einem zentnerschweren Vorkriegsmodell von Velo im Zickzack-Kurs durch die Gegend, entdecke im Fernsehen die weinende japanische Männerseele, putze Eier – und warte. Vier endlose Wochen lang. Endlich ein Brief von Hugo. Billigtickets gibt's nur ab, nicht nach Bangkok. Am nächsten Tag bin ich weg.

Von Tokios Kaiserpalast, Kabuki-Theater und Sushi-Strassen gehts mit dem «Shinkansen»-Schnellzug endlosen Reisfeldern entlang nach Kyoto, der alten Kaiserstadt. Hier wärme ich mich abends im japanischen öffentlichen Bad auf, geniesse die kontemplativen Tempelgärten, deren Ruhe und Schönheit durch die aufflammenden Herbstfarben der jahrhundertealten Bäume unterstrichen werden. Ein Fest für Augen und Seele. Wären da nur nicht die japanischen Besucherhorden, die kreischend und kichernd die Ruhe stören. Vor ihnen werde ich in Südkorea fluchtartig einen Berg hochhetzen, nur um in Ruhe die Kjong-fu-Tempel ausserhalb von Pusan geniessen zu können.

Hongkong – ich habe mich seit fünf Tagen mit niemandem unterhalten und quatsche Engländer in einem Café an. Die schauen anfangs skeptisch, begreifen dann aber meine Notlage und zeigen mir abends den Thieves Market, laden mich zum Nachtessen ein. Das tut gut, denn das Alleinreisen, obwohl hochspannend, interessant und lehrreich, ist nicht immer leicht. Ich denke ab und zu an Helmut, der irgendwo auf den Philippinen unterwegs ist.

Weiter nach Bangkok zu Hugo, dem Freund aus Madrider Zeiten. Nach drei Monaten des Alleinreisens habe ich mich auf Hugo gefreut, auf unsere Gespräche, unsere Gemeinsamkeiten. Fehlanzeige. Wir geraten aneinander – ich reise kurzfristig ab nach Malaysia. Nachts im Zug schwillt mein linkes Bein an, die Sandale passt nicht mehr. Panik. Zwei Engländerinnen nehmen mich unter ihre Fittiche, wir finden in Georgetown auf Penang zu dritt ein Zimmer, irgendwann schwillt das Bein wieder ab. War wohl nur ein Mückenstich.

In Georgetown scheint die Zeit stillzustehen. Ein Menschengewusel in Chinatown, Hühner, Enten und Ziegen irren durch die Gassen, zittrig schlurfen alte Chinesen mit schütterem Bart und langem Rock vorbei an winzigen Buden und Garküchen, schreiende Kinder jagen sich, und in bunte Saris gehüllte Inderinnen feilschen auf dem Gemüsemarkt. Endlich bin ich im schillernden, lebendigen, bunten Asien angekommen, Hongkong und Bangkok wirken im Nachhinein wie westliche Städte mit asiatischem Flair. Lachend flüchten wir vor einer brandschwarzen Gewitterfront in Porto Ferringhi, geniessen in einer offenen Hütte im Tropenwald ein feines Essen. Am nächsten Tag, die zwei Engländerinnen werden von einem Chauffeur samt Bentley abgeholt, stehe ich heulend am Bahnhof von Ipoh und kann nicht mehr. Ich will nur noch nach Hause. Der Krach mit Hugo, die Angst wegen dem Bein und nun schon wieder allein – alles etwas zu viel. Die zwei raten mir zu Ferien – und ich geh brav auf die Insel Lumut, auf der ich weder links noch rechts gucke, nur Krimis lese, schlafe und gut esse. Reisepause. Pause von Sehenswürdigkeiten, Pause von unerfüllten Erwartungen. Einfach nichts.

Nach zwei Tagen wird's langweilig, ich reise weiter über Kuala Lumpur nach Malakka, wo ich genau am 24. Dezember beim Geldwechseln einen Schweizer treffe. Schön für uns beide, denn ich bin eh allein, und er hat seine Freunde irgendwo auf der Reise verloren. Wir feiern Weihnachten mit Cognac im Hotelgarten, dann geht's für mich weiter nach Singapur. Und genau da entdecke ich, dass ich die Antibabypille in Bangkok gelassen habe – und ich will doch Grant in Nepal treffen! Dabei habe ich soeben eine interessante Neuseeländerin, Janet, kennengelernt. Sie wird mich später in Zürich besuchen, ich sie noch später in New York. Sei es, ich muss auf dem schnellsten Weg zurück nach Bangkok.

Hugo ist nicht glücklich, mich zu sehen, er hat zur Silvesterparty seine thailändische Freundin eingeladen. Ich weiche ins Hippiehotel aus, erlebe mit anderen Trampern erhellende Nächte im Rotlichtmilieu Bangkoks und reise kurzerhand nach Chiang Mai und von da aus ins Grenzgebiet Laos/Kambodscha. Ein Bild blieb haften: Wir, eine Trekking-Gruppe, sind tagelang zu Fuss unterwegs im Nirgendwo, da kommt uns ein Ochsenkarren entgegen – voll beladen mit Coca-Cola-Flaschen!

Ich fliege am 12. Januar 1975 nach Kathmandu – ein stilles Dorf auf dem Dach der Welt, vergessen von der Zeit. Raue, wuchtige Backsteinhäuser mit geschnitzten Holzfenstern und -balkonen, unzählige Tempel und Stupas, zwei, drei Autos, ein gelbes Postauto mit Berner Kennzeichen, ansonsten Velos und Ritschkas. Die meisten Leute gehen zu Fuss. Wir auch. Ich bin glücklich, bei Grant zu sein, mich mitteilen zu können, teilen zu können. Wir teilen Haschkuchen und Bett, die Tage und die Nächte. In Kathmandu kann ich mir leicht vorstellen, wie unsere europäische, mittelalterliche Welt mal ausgesehen hat, alles ist ursprünglich, unverfälscht, sehr einfach. Kaum zu glauben, dass das heutige Kathmandu in Autokolonnen erstickt, das stete Autohupen die Ohren zudröhnt und der Smog die imposanten Achttausender verdeckt.

Wir wandern von Bodgoen, einem mittelalterlichen Dorf, in vier Stunden nach Nagarkot, wo wir in der einfachen Berghütte übernachten. Frühmorgens ist die Welt dunkel, absolut still. Da, ein feines Licht am Horizont, die Spitzen der Achttausender werden in ein zartes Rosa gehüllt, Annapurna und Everest gewinnen an Konturen, die Sonne taucht auf. Langsam, langsam wandert das Licht in die Täler, füllt sie mit Leben, und ich habe das atemberaubende Gefühl, der Entstehung der Welt beizuwohnen.

Zurück in Kathmandu reisen wir am nächsten Tag in einem klapprigen Bus stundenlang auf Schotterstrassen, an Abgründen vorbei, runter nach Indien. Wir besuchen Bodhgaya, den Ort, an dem Buddha die Erleuchtung erlangte und wo die sonoren Klänge einer Tempeltrommel den tief liegenden, riesigen Vollmond zum Vibrieren bringen. Wir besuchen Benares mit den heiligen Männern an den Ghats, der bunten Menschenmenge, die sich durch die engen Gassen zum Ganges drängt, bewundern in Kajaraho die erotischen, in Stein gehauenen Tempelskulpturen. Wir bestaunen in Agra um sechs Uhr morgens, mutterseelenallein im Garten, den Taj Mahal in seiner majestätischen Ruhe, lesen uns im Garten der verwunschenen Moghulstadt Fatehpur Sikri Geschichten aus der Maharadscha-Zeit vor. Indien ist farbenprächtig, lebendig, faszinierend. Über Jaisalmer, Jaipur, Ellora, Adjanta gehts bis Bombay, dann ist in meinem Portemonnaie Ebbe. Ich muss zurück. Ehrlich – ich will zurück. Ich habe genug vom Billigreisen, genug von stinkenden Toiletten, den elenden, schmutzigen Badezimmern, den schmuddeligen Laken, der ewiggleichen indischen Antwort auf alle Fragen: «*Who knows?*» Der Witz? Nach einer Woche Zürich vermisse ich Indien schmerzlich, wünsche mich zurück ins Chaos. Zu spät.

Allen Unkenrufen zum Trotz – sie haben mir vor meiner Abreise prophezeit, dass ich in Zeiten der Erdölkrise nie, nie mehr eine Stelle finden werde – warten bei meiner Rückkehr im März 1976 drei Stellenangebote auf mich. Ich wähle den interessantesten Bürojob meiner

Sekretariatszeit: rechte Hand des Direktors eines Einkaufszentrums. Doch die Arbeit als Vorzimmerdame füllt mich nicht aus, ich helfe dem Werbeleiter und organisiere mit ihm zusammen bald Ausstellungen, Pressekonferenzen, Ballnächte für 5000 Besucher. Das macht Spass. Organisieren liegt mir, die Ausstellungswelt – von Oldtimern über Bali bis Louvre – fasziniert mich, kommt meiner Neugierde entgegen. Trotzdem – drei Jahre später erzählt mir ein Bekannter, dass er eine Bar in Spanien habe, der nur die Barmaid fehle. Hey, *der* Job für mich. Ich bin im Hotel aufgewachsen, und Spanisch kann ich. Alles kein Problem.

Wir fliegen ein Wochenende nach Alicante, und ich sehe in Altea nur weisse Häuschen, blauen Himmel und blaues Meer. Drei Monate später stehe ich mitten im malerischen Dorf und sehe immer noch blauen Himmel und blaues Meer, das Häuschen aber ist von scheissenden und pissenden Katzen bewohnt, gegen die sich einige trotzige Ratten hartnäckig halten. Ich kenne niemanden im Dorf, weiss nicht, wer mir die Getränke liefert und hochträgt – die Bar ist nur über einhundert Treppenstufen zu erreichen –, weiss nicht, obs einen Schreiner gibt, der mir das Loch in der Decke zunageln kann, damit die Ratten nicht mehr runterkönnen. Bref, die Bar ist ein stinkendes Loch, und ich steh heulend mittendrin. Kommt hinzu, dass der Restaurant-Besitzer um die Ecke, für den meine Bar als Apéro-Bar gedacht ist, den Raum zwischenzeitlich als Lager genutzt und somit nicht auf mich gewartet hat. Ausgeträumt das romantische Meeresbuchtenleben, die Realität ist auch in Spanien nicht nur himmelblau.

Doch wie lautet mein Spruch? «Ich brauche niemanden, ich mache es allein!» Dem Restaurantbesitzer zum Trotz finde ich einen Getränkehändler mit Lieferservice für eine ach so schwache Frau, finde den Schreiner, vertreibe die Katzen, nähe bunte Kissen und lerne die Leute im Dorf kennen.

Aus diversen Gründen läuft die Bar nicht gut, teils auch wegen mir. Ich bin keine gute Barmaid. Erzählen sich die Männer anzügliche Witze, werde ich wütend, lästern Touristen über Spanien, frage ich sie, wieso sie denn kommen, und die jungen Männer des Dorfes lasse ich auflaufen. Sie kommen trotzdem. Vielleicht ganz gut, dass die Bar nicht rentiert, denn ich habe keine Arbeitsbewilligung und ein gut gehender Betrieb ruft unweigerlich Neider auf den Plan. Die Polizei weiss genau, dass ich hier bin, doch da der Umsatz flau ist, werde ich geduldet. Er ist so flau, dass ich alle drei Monate in die Schweiz fahre, schnell zwei, drei Wochen in irgendeinem Büro arbeite und mit dem Geld wieder nach Spanien reise. Das Meer ist eben doch blau. Nach Neujahr schliesse ich die Bar endgültig und verdiene mein Geld künftig mit – kein Witz! – Teller waschen, in einer Strandbude Hamburger braten, aushelfen in Boutiquen und Bilder verkaufen in Restaurants. Bilder, das sind Aquarelle eines befreundeten Künstlers, die ich als meine eigenen ausgebe und die ich in den besseren Restaurants von Tisch zu Tisch anbiete. Das kann ich nur topmodisch und teuer angezogen – also Löw-Schuhe, Aigner-Gürtel, Leinenhose und Chanel-Brille. Dies, zusammen mit meinen Sprachkenntnissen, verunsichert die Leute. Sie kaufen. Von dem verdienten Geld hätte ich besser leben können als mit den Einnahmen der Bar, doch viele Abende kann ich einfach nicht in die Restaurants. Ich schäme mich, fühle mich wie eine Bettlerin, obwohl mir die Gäste immer mit Respekt und Interesse begegnen.

Ich habe mir im Dorf einen guten Freundeskreis aufgebaut, teils Ausländer, teils Spanier. Mit Isabella koche ich sonntags Paella – am Dessert-Haschpfeifchen zieht auch ihr Grossvater –, pflücke Maulbeerbäume kahl für ihre stinkenden Seidenraupen, verstecke Isabella bei mir, als ihr fremdgehender Ehemann sie in eine psychiatrische Klinik einliefern will – Spanien ist hochdramatisch.

Ich stehe mittendrin, aber auch in meinen Minderwertigkeitskomplexen, meinen Depressionen. Habe tonnenweise intelligente Bücher nach Spanien geschleppt und lese nun trotz viel freier Zeit nichts, sondern starre aufs Meer, hadere mit dem Schicksal, bin wütend auf unser «Scheisshotel». So wütend, dass ich meinen Eltern einen aggressiven Brief schreibe, in dem ich sie und das Hotel für mein «verpfuschtes» Leben verantwortlich mache. Meine Eltern haben den Brief nie verstanden – für mich ist er wie ein Befreiungsschlag. Ich fühle mich erleichtert.

Zwei Erlebnisse werde ich nie vergessen, so kurz sie auch waren: Während zwanzig erinnerungswürdigen, einmaligen Minuten eines Sommertages warte ich auf nichts im Leben. Ich bin ich. Zwanzig

Minuten reines Ich. Auf einem Skateboard rase ich eine Strasse runter, voller Glück, voller Freude, ein so intensives Selbstvertrauen in mich und meine nichtvorhandenen Fahrkünste, dass ich über den Asphalt schwebe. Ein Lebensgefühl, wie ich es in dieser Intensität nie mehr erleben soll. Es ist ein Zustand reinen Seins, es gibt kein Vorher und kein Nachher, nur das Jetzt. Zwanzig Minuten buddhistisches «Im Hier und Jetzt». Seither wandern meine Gedanken wieder vom Gestern zum Morgen, verweilen selten im Jetzt, obwohl ich es immer wieder versuche.

Noch etwas erlebe ich in Spanien: Kraft meiner Gedanken habe ich Macht über einen anderen Menschen. Ich bin völlig verliebt in den Engländer Toni, der sich nur minim für mich interessiert. Rund vier Wochen fühle ich mich absolut kraftvoll, keine Ahnung, wodurch dies ausgelöst wurde. Sicher ist nur eines: Mein «ICH WILL» geschieht, ich schaue zu den Sternen hoch und schreie freudig: «Ich bin stärker als ihr!» Ich schreie: «Ich will Toni», und Toni ist da: In genau der Bar, wo ich ihn treffen will, zu Hause, wenn ich ihn «per Zufall» besuche, bei Freunden. Teils habe ich das leichte Gefühl, er ist widerwillig da – aber er ist da! Weil ich es so will. Ich fühle eine unheimliche Macht, die so unerklärlich, wie sie aufgetaucht ist, wieder verschwindet – und mit ihr Toni. So euphorisch ich mich vorher fühlte, so tief stürze ich jetzt.

Nach anderthalb Jahren am blauen Meer habe ich das Gefühl, dass meine grauen Hirnzellen einschlafen: Niemand liest Zeitung, niemand ein Buch, und bei mir stapeln sich ungelesene «Weltwochen». Ich packe den Stier bei den Hörnern und reise zurück in die Schweiz, um die Matura nachzuholen. Nebst einer Halbtagsstelle als Sekretärin buche ich den Fernkurs der Akad und büffle schon bald Physik und Algebra, deutsche Grammatik und Französisch. Obwohl ich beste Noten schreibe, fällt mir die Decke auf den Kopf. Ich kann nicht alleine zu Hause studieren. Ich gebe auf. Das Büro hat mich wieder voll.

Inzwischen 35 Jahre alt, drängt mich eine Freundin, mit ihr einen Meditationskurs zu besuchen – und meine Haltung dem Leben gegenüber dreht sich um 180 Grad. Vorbei die Depressionen, denn ich lerne, dass die Verantwortung für mein Leben bei mir liegt, dass ich mein Leben über meine Gedanken steuere. War ich vorher einem willkürlichen Schicksal hilflos ausgeliefert, bin ich nun sozusagen meine eigene Meisterin. Auch wenn nicht alles klappt im Leben, so ist es doch immer meine Entscheidung, meine Verantwortung – eine wichtige Umwälzung meines Weltbildes, die mein inneres Leben zum Positiven wendet. Im Aussen ändert sich auf die Schnelle nichts, im Innen aber stelle ich relativ problemlos meinen negativen Redefluss ab. Kein «Du bist die Letzte, die Dümmste» mehr für mich, ich lerne, liebevoller mit mir umzugehen.

Ich durchlebe in der Meditation einige Kindheitserlebnisse, spüre all meine damaligen Gefühle des Verlassenseins und komme heulend ins Jetzt. Endlich wird meine Gefühlswelt bei der Bewältigung miteinbezogen, endlich erfahre ich hautnah, dass ich rein vom Kopf her nichts bewegen kann.

Die im Kurs vertretene Lehre der Inkarnation trifft mich wie eine Erleuchtung. Schon als Kind störte mich, dass die Menschen nur ein Leben haben, die Forderung unserer Pfarrer, dass ein Kind aus einem schwierigen Umfeld ebenso gut sein müsse wie ein behütetes, fand ich ungerecht. Zudem war mir dieser rächende Gott der katholischen Kirche, der Liebe predigt und doch nicht liebt, immer fremd geblieben.

Und nun dies, wie ein Puzzle schliessen sich die Teile zu einem Ganzen. Plötzlich macht das Leben Sinn. Meine neue Sicht auf die Welt lässt mich innerlich gelassener, ruhiger werden, ich meditiere viel und fühle mich getragen. Es geht mir gut, trotz Sekretärinnenjob.

Und dann das Unfassbare. Langsam bauen sich extreme Schmerzen im linken Bein auf, egal ob ich stehe, laufe, sitze oder liege. 24 Stunden am Tag reine Hölle, mal für drei Tage, mal für eine Woche, dann verschwinden sie wieder, kommen für zwei Wochen zurück, schlussendlich für zwei volle, endlos lange Monate, während denen ich täglich 26 Alcacyl-Tabletten schlucke und nachts zwei Ponstan, damit ich wenigstens vier Stunden schlafen kann. Ich verliere in diesen Zeiten bis zu zehn Kilogramm an Körpergewicht, weil ich nicht essen mag, lebe von Joghurts, um den Magen zu schützen. Diese Schmerzen werden von 1984 bis 1997 da sein, mal mehr, mal weniger. In der Meditation habe ich gelernt, dass links die Gefühlsseite ist, dass Schmerzen eine seelische Ursache haben. Also suche ich Probleme – und finde meist keine, denn die Schmerzen treten hauptsächlich auf, wenn es mir gut geht. So muss ich wegen Schmerzen eine Reise in den Jemen, eine Atemtherapie-Woche im Tessin absagen. Ich beobachte verzweifelt, dass durch die Meditation alles nur schlimmer wird. Also höre ich auf zu meditieren. Trotzdem bin ich felsenfest überzeugt, dass mein Leiden psychosomatisch, nicht körperlich bedingt ist. Um meinen konventionellen Chef zu beruhigen, gehe ich zum Neurologen, zum Rheumatologen, ins Universitätsspital – nichts. Ich besuche Geistheiler, Akupunkteure – keine Besserung. Doch ich gebe nicht auf und besuche regelmässig eine Psychologin, die sich nicht nur in Gesprächstherapie, sondern auch in Körperarbeit auskennt. Und über diese erreichen wir meine verdeckten Gefühle weit besser als über den Kopf allein. Dabei lerne ich unter anderem, dass für mich die Büroarbeit negativ ist, da sie genau das Hotel widerspiegelt: Hatte ich als Hoteliersochter einen gewissen Status, musste ich mich doch den Gästen permanent unterordnen. Im Büro geniesse ich als Direktionssekretärin ebenfalls ein gewisses Ansehen, doch zu sagen habe ich nichts. Der Berufswechsel wird nun auch aus gesundheitlichen Gründen dringend notwendig.

Ich beginne zu suchen, was ich ohne Matura lernen könnte. Psychologie? Interessiert mich sehr, also mache ich die Aufnahmeprüfung am Institut für Angewandte Psychologie – und falle durch. Weiter. Die Tourismusfachschule? Dafür bin ich mit meinen 42 Jahren zu alt. Durch einen Zufall finde ich die Schule für Angewandte Linguistik, an der ich Publizistik und Didaktik belege. Ohne Matura muss ich ein Semester länger zur Schule, doch das ist egal. Kurz vorher schenkten die Eltern uns Kindern etwas Geld, das und ein Teilzeitjob sollten fürs Studium reichen.

Im ersten Jahr leiste ich mir den Luxus des reinen Studiums, ich arbeite nicht. Was für eine Freude, Neues zu entdecken, sich mit anderen zu messen, zu unterhalten, gemeinsam etwas zu erarbeiten. Anders als bei der Akad bin ich hier in einer Gruppe – und in Gruppen geht es mir immer besser. Nur die Beinschmerzen, die tauchen periodisch immer wieder auf. Also gehe ich nochmals zur Psychologin, und diesmal finden wir heraus, dass ich mich permanent selber bestrafe, wenn es mir gut geht. Weil meine Mutter im Hotel so viel arbeiten musste, sich für uns aufopferte, wie sie immer sagte, darf ich nicht glücklich sein, ich muss ihr Leiden mit eigenem Leiden kompensieren. Dieser Befund schockiert mich. Wie kann sich eine kindliche Seele so etwas ausdenken? Aber stimmig ist er, denn die Beinschmerzen begannen nach der Meditationsphase, in der ich mich innerlich mit mir und meinem Leben aussöhnte. Langsam gehen die Schmerzen zurück, es scheint der richtige Ansatz zu sein. Ganz verschwinden werden sie nach meinen Ferien in einer Ayurveda-Klinik im indischen Kerala, wo ich gezielt auf das Bein hin behandelt werde. Sie sind nie wieder aufgetaucht.

Ab dem zweiten Schuljahr arbeite ich halbtags in einem Hotel. Der Kuwait-Krieg lässt die Bettenbelegung zurückgehen, und der neue, kleine, dicke, pompöse Hoteldirektor will alle Angestellten-Verträge kündigen und neue mit schlechteren Bedingungen ausstellen. Für so etwas gebe ich mich nicht her. Ich kündige. 1991 ist es zwar nicht mehr so leicht, eine Stelle zu finden, aber irgendetwas wird sich schon finden. Und wirklich: Kurz darauf wird die Stelle einer Redaktionsassistentin ausgeschrieben, die ich dank Büroerfahrung und Studium prompt erhalte. Allerdings 60 Prozent, die ich dafür flexibel um meine Schulstunden herum leisten kann. Es ist ein Sprung in kaltes Wasser, denn Redaktorin und Assistentin der internen Hauszeitung haben beide gleichzeitig gekündigt, ich muss selber zusehen, dass das Blatt in Deutsch, Französisch und Italienisch pünktlich alle zwei Monate erscheint. Freie Mitarbeiter schreiben die Beiträge, die ich an Übersetzer und Druckerei weiterleite, ich bestelle Fotografen, und ein Grafiker montiert schlussendlich gummierte Druckabzüge und Fotos. Meine Aufgabe liegt in der Organisation und Koordination all dieser Leute – erst später schreibe ich eigene Artikel, werde Redaktorin, dann verantwortliche Redaktorin. Dies alles nebst der Schule, die ich während fünf Jahren mit gleich bleibender Begeisterung besuche und erfolgreich mit zwei Diplomen, einem für Publizistik, das andere für Sprachunterricht Englisch und Deutsch, abschliesse. Gleichzeitig lege ich die Prüfungen für das Certificate of Proficiency in English und das Alliance Française ab. So ganz nach dem Motto: Was frau hat, das hat sie, die Zeiten sind ungewiss.

Nach etwa vier Jahren wird die Hauszeitung aus Spargründen eingestellt, gottlob gibt es firmenintern noch eine Kunden-Zeitung, bei der mir ein Job angeboten wird, der auch Reisen beinhaltet. Gut, ich arbeite hart, bin oft völlig gestresst und am Anschlag, doch gleichzeitig besuche ich auf Pressereisen Norddeutschland, Frankreich, Marokko und Borneo, fliege erster Klasse nach Hongkong, reise zwei Wochen durch Kuba – das Leben ist gut. So gut, dass es mir sogar eine bezahlbare Traumwohnung mit weitem Blick über die Stadt, den See und die Berge zuhält.

Seit Jahren arbeite ich nun bei derselben Firma – das Bedürfnis zu flüchten ist schon lange verflogen, ist vielleicht noch leicht spürbar in Privatreisen nach Kanada, Vietnam und Sri Lanka, nach Kirgistan und Zentral-China. Der Berufswechsel ist das Beste, das ich je in meinem Leben an die Hand nahm. Meine Tätigkeit verleiht mir Befriedigung, Bestätigung und Anerkennung, sie schenkt mir freudige, spannende und aufregende Momente. Ich weiss heute mit Herz und Verstand, auch dank dem neuen Beruf, dass ich einen Wert habe, dass ich sehr viel kann. Und dass ich liebenswert bin. Das zeigen mir meine vielen Freunde. Ein langer, aber lohnender Weg zu mir selbst.

Der Preis? Die fehlende Geborgenheit in einer Gemeinschaft. Trotz teils längeren Partnerschaften bin ich immer noch die Einzelkämpferin der ersten Stunde. Das will ich nach meiner Pensionierung ändern, ich will in eine Wohngemeinschaft, will mit anderen zusammenleben, mich mit anderen auseinandersetzen. Ich höre schon die Gegenargumente: Viel zu spät, zu festgefahren, zu alt, zu, zu, zu. Ist mir egal, ich versuch's trotzdem. Ich will ja schliesslich nicht in eine Studenten-WG, sondern in ein Haus mit Einzelwohnungen und Gemeinschaftsräumen.

Bis ich das finde, wird es nicht langweilig, denn noch immer wohnen, ach, zwei Seelen in meiner Brust. Nicht mehr die Trennung zwischen stark im Aussen, hilflos im Innern, sondern eine lebenslustige, aktive Seite und eine ruhige, kontemplative. Letztere zieht es aufs Land, sie freut sich auf die Leere, will beobachten, was sich in mir und aus mir entwickelt. Sie will das Leben fliessen lassen, sich mit Religionen, mit Lebensfragen auseinandersetzen, will durch Meditation auf das Ziel hinarbeiten, das ein Medium mal prophezeite: dass ich im

Alter die Dualität überwinden könne. Die andere Seite will endlich aus den Zwängen des Arbeitslebens ausbrechen, will Ausstellungen besuchen, Freunde einladen, reisen, vermehrt ins Kino, die Stadt entdecken, die Schweiz erwandern, Papiermaché-Objekte kreieren, lesen und schreiben. Bref – Stress aus purer Lebenslust. Egal wie ich mich täglich entscheide: Auf dem Weg zur perfekten Balance werde ich mir selbst in kleinen Schritten noch näher kommen. Und das ist gut.

Ruth Gassmann

Irma (*1943)
Immobilienverwalterin

«Im Alter von 66 Jahren werde ich statistisch gesehen wohl eher von einem Meteoriten erschlagen, als dass ich einen Mann fände, der meinen persönlichen Ansprüchen und Bedürfnissen entspräche ...»

Meine Konversion zum katholischen Glauben vor 45 Jahren hat im Familienclan heftige Proteste ausgelöst. Es gab Zeiten, da hätte sogar Ratzinger, der jetzige Papst Benedikt XVI, Freude an meiner römisch-katholischen Seele gehabt. Die Familie sah dies aus liberaler, protestantischer Sicht total anders. «Alles kannst du machen», rief der Vater entsetzt aus, «aber nichts mit den Pfaffen!»

Als junge Frau habe ich in meinem Ledigsein den Idealismus gelebt, war voller Begeisterung für die Kirche und die Sozialarbeit. Diese verflixte christliche Nächstenliebe war es, die ledigen Frauen meines Jahrgangs (1943) alles nur noch komplexer machte, dieser hohe Erwartungsdruck auf der Seele einer konvertierten Tochter.

Ich, eine ehemalige Sozialarbeiterin, die vor ihrem Gewissen primär immer nur eine gute und brave Tochter sein wollte und daher ihre Interessen «freiwillig» aufgab, um sich um den gesamten Familienclan und die Häuserverwaltung während Jahrzehnten kümmern zu können.

Mein Katholischsein bekam ich 1964 mit zwanzig Jahren, während meiner Studienzeit in Paris, von der Amtskirche offiziell zugesprochen. Dabei hatten meine Eltern mich zwei Jahre zuvor extra nach England in ein konfessionsfreies, feines College geschickt, um mir die aufkeimenden religiösen Flausen auszutreiben. Ich hätte dort Reiten, Tennis- und Golfspielen, Musik und Kultur ad infinitum inhalieren können, doch ich zog das fleissige Sprachstudium vor, und man sah mich am Sonntag freiwillig in der Frühmesse in der einzigen römisch-katholischen Kirche von Eastbourne auf den Knien beten. Meine Auslandaufenthalte habe ich immer als echte «sabbaticals» von der Familie empfunden, meine ganz persönliche Freiheit, die ich jedoch jedes Mal verlor, sobald ich für eine gewisse Zeit wieder zu Hause «zwischengelagert» wurde, bis ich erneut eine weitere Fremdsprache studieren durfte.

Später haben es die Jesuiten in Florenz, die ich während eines weiteren Sprachstudiums kennengelernt habe, dann meisterhaft verstanden, mein Helfersyndrom und meinen religiösen Altruismus im Namen des Glaubens in eine dienende, marianische Haltung zu zwängen – und mich zu überzeugen, der Familie weiter tapfer zu trotzen. Dabei unterlief mir selber ein gravierender Fehler. Während es für die Italiener schon immer ganz selbstverständlich war, zwar laut und innig «Viva il Papa!» zu rufen, daneben jedoch zu denken und zu leben, wie sie wollten, interpretierte ich als kleine, junge, unerfahrene Helvetia alles Gehörte und Aufgenommene als unfehlbar verbindlich. Ich kam in Kontakt mit einem Säkular-Institut. Damals war mir die Existenz solcher religiöser Gruppierungen unbekannt. Als ich von deren obersten Maxime der unbedingten Geheimhaltung hörte, befremdete mich dies zwar anfänglich, doch die Geheimnistuerei kam mir in meiner speziellen Familiensituation gerade gelegen und wie eine Fügung Gottes vor. Sollte ich mich nämlich tatsächlich entscheiden, selber Mitglied dieser geheimen Ordensgemeinschaft zu werden, durfte ich niemandem davon erzählen. Wie praktisch!

Meine Familie würde nie davon erfahren, dass ich so etwas wie eine Nonne war, nur ohne Habit und ohne Schleier. Auch würde ich in keinem Kloster wohnen, sondern mitten in der Welt. Ich überlegte wohl lange und gründlich, doch blind vor lauter jugendlichem, naivem Idealismus nur in eine einzige Richtung. Damit war das religiöse Fangnetz für mich ausgeworfen.

Als Vater mit 55 Jahren an Krebs verstarb – für ihn hatte ich ganz selbstverständlich meine Stelle als Chefarztsekretärin und Arzt-Assistentin aufgegeben –, wäre meine Mutter noch jung genug gewesen, ihr Leben selber an die Hand zu nehmen und sich nicht sang- und klanglos ans Hosenbein der Tochter zu hängen. Ich sage extra «Hosenbein» und nicht Rockzipfel, denn es galt in vielen Facetten, einen Ehemann zu ersetzen. Auf Drängen der Mutter gab ich auch meinen Beruf auf und übernahm die Immobilienverwaltung, die Organisation sämtlicher Ferien- und Freizeitgestaltungen der Mutter unaufgefordert dazu, indem ich sie einfach zusammen mit ihrer ebenfalls alleinstehenden Schwester überallhin mitnahm. Das häufige Zusammensein fiel mir leicht, denn meine Mutter war eine fabelhaft gütige Frau mit Sinn für Humor und eher pflegeleicht im Umgang mit anderen.

Dem Säkular-Institut hatte ich inzwischen den Rücken gekehrt. Meine Einsicht war: Ich bin eine glaubende Ungläubige und eine ungläubige Glaubende und mit zu viel protestantischem Erbgut beschenkt, das zu protestieren weiss, was bei den religiösen Vorgesetzten nicht gut ankam.

In der Kirche wie in der Sozialarbeit war ich in den Augen der anderen oft ein kleiner Paradiesvogel. Während der Ausbildung fuhr ich mit meinem kanariengelben Fiat Coupé vor, was von den Heilandsandalen und Latzhosen tragenden Studierenden abschätzig kommentiert wurde. Es störte sie allerdings nicht, von mir in eben diesem verschmähten 68er-Bonzenimage-Auto herumchauffiert zu werden. In der Innerschweiz war ich unter den ersten Laienfrauen mit der Bewilligung, in der heiligen Messe die Kommunion austeilen zu dürfen. Der Pfarrhelfer übte heftige Kritik an meinen lackierten Fingernägeln. Das war für den Kirchenmann *simply too much*: eine Frau mit roten Lippen und rotem Nagellack am Altar. Ich weiss heute noch nicht, welcher Teufel mich damals geritten hat, als ich ihm keck entgegnete: «Lieber etwas Farbe am Altar als ein Kinderschänder.» Einige Zeit später wurde er ausgerechnet wegen diesem Verdacht versetzt.

Dass ich neben Tochter, Sozialarbeiterin und Kirchenengagierter auch noch *Frau* war, entdeckte ich, dank der religiösen Prägung, auch leider sehr spät. Ich hatte als Single längst gelernt, verschiedenste Hürden und Schwierigkeiten zu überwinden, die eine scheinheilige Gesellschaftsordnung mir aufdrängte. Vielfach habe ich im Alltag eine nur angeblich aufgeschlossene Gesellschaft erlebt, die trotz Gleichstellungsgesetzen für Frauen sich Ledigen gegenüber skeptisch bis ablehnend aufführte.

Heutzutage nicht wenigstens einmal geschieden oder zumindest lesbisch zu sein oder mit heimlichen Affären prahlen zu können ist für die Allgemeinheit höchst suspekt. Manchmal habe ich das ungute Gefühl, in den Augen Aussenstehender «als ausser der Norm» angesehen zu werden. Man stellt so ein Lebensskript leicht in Frage. Man scheut sich nicht, mich als Vertreterin dieser raren Spezies, eine alte Jungfer nämlich, zu allen unpassenden Momenten sogar direkt danach zu fragen. Für Männer bleibe ich, nachdem ich den plumpen Annäherungsversuchen verheirateter Langeweiler eine Absage erteilt habe, ein asexuelles Wesen. Für die Frauen allerdings bin ich eine potenzielle Rivalin. Wie soll die verheiratete Freundin oder Kollegin mit so einem Exemplar im eigenen Bekanntenkreis umgehen? Am besten man lädt mich gar nicht erst ein. Schon gar nicht, wenn ich besser präsentiere, modischere Kleider trage, gut zu unterhalten weiss und auch noch als ausgezeichnete Köchin bekannt bin. Schlimm genug, dass sich eine Ledige dies alles selber leisten kann: Reisen, Schmuck, schönes Wohnen, und dies alles ohne die schmutzigen Socken und Unterhosen vom Ehemann im Badezimmer aufheben zu müssen. Das erweckt natürlich Neid.

Es gab da in der Vergangenheit eine platonische Liebe zu einem Taiwan-Missionar. Diese Art von Liebe war das Produkt einer Tagträumerei, aus sicherer Distanz. Mit dieser fernen Liebe *ver*lebte ich meine besten Frauenjahre als dürres Dasein einer frustriert Wartenden. Warten worauf? Johannes liess zwar mehrmals durchblicken, dass er sehr wohl zu mehr als einer platonischen Liebe bereit wäre, doch meine mentale Gefühlsbremse wurde zum Anstandswauwau für beide. Verführerin eines geweihten Gottesmannes? Nicht auszudenken. Nie!

Nach Jahren intensiver Brieffreundschaft mit wöchentlich überspielten Tonbändern und täglich geschriebenen Tagebüchern, die ausgetauscht wurden, erfuhr ich von ihm, dass eine einheimische Klosterfrau nicht so tugendhaft den Verzicht lebte und Johannes im Begriff war, ihr mit Haut und Haaren zu verfallen. Sie trat zwar aus dem Kloster aus, er blieb. Danach beichtete der Appenzeller-Bauernbub-Missionar mit unverhohlener Selbstgefälligkeit von einer anderen Beziehung auf einer ganz anderen Ebene. Ich habe ihm nach dem letzten Urlaub am Telefon zum Abschied noch gesagt: «Das Beste an euch Zölibatären ist, dass ihr euch nicht vermehren dürft.»

Ich weiss natürlich längst um das leidige Image der Unverheirateten. (Leidig, ledig, wie ähnlich doch die beiden Wörter klingen.) Aber ich habe gelernt damit umzugehen und weiss die Vorteile eines Single-Lebens auch zu schätzen. Besser beneidet als bemitleidet zu werden. Beim Ausfüllen von Gästeregistern in Hotels oder amtlichen Formularen kann ich es mir nicht verkneifen, in der Spalte «Zivilstand» – *frei* – zu schreiben.

Dazu eine nette Geschichte: Auch die Tatsache, dass ich als alleinstehende Frau eine Liegenschaft in Florenz erwarb, galt bei vielen Geschäftspartnern als Signal «Mit der kannst du machen, was du willst, die versteht sowieso nichts». Ich habe sie natürlich mit schweizerischer Sturheit eines Besseren belehrt. Vor der Unterzeichnung der Verträge las sie der Anwalt vor allen Beteiligten Zeile für Zeile laut vor. Als er mich wiederholt *la Signorina* nannte, reagierte ich unwillig und wünschte mit *Signora* angesprochen zu werden. «Ja halt», rief der Anwalt, «sind Sie doch verheiratet? Haben Sie überhaupt eine Unterschriftsberechtigung oder nur Ihr Ehemann?» Ich erwiderte ruhig, dass ich alleinige Berechtigte und Eigentümerin sei und unverheiratet. «Ja aber dann, Fräulein, eh, eh, Frau also, was sind Sie jetzt wirklich?», fragte der genervte Anwalt. Darauf sagte ich ganz cool: «Sie können ganz beruhigt sein, Herr Advokat, ich weiss genau, was ich bin, nämlich eine Frau. Also sprechen Sie mich bitte als solche an. Einen reifen, unverheirateten Herrn nennen Sie ja auch nicht Herrlein.»

Da steigt gleich noch eine andere Begebenheit in meiner Gedächtniskiste auf. Vor etlichen Jahren war ich an einem Samstagabend allein in Varese unterwegs, auf der Suche nach einem netten Lokal, um fein zu speisen. An der ersten Adresse fragte man mich beim Eintreten: «Sind Sie allein?», um gleich anzufügen: «Am Samstag haben wir keinen Einzeltisch anzubieten.» Ungläubig ging ich rückwärts raus. Ich dachte zuerst an einen Einzelfall. Doch im dritten Restaurant erwiderte ich empört: «Muss ich zuerst heiraten, um in Varese auswärts essen zu können?» Mit dem lapidaren Hinweis, das sei übliche Praxis im Ort, hielt man mir galant die Türe auf. Da war der Widerstand in mir geweckt. Im Restaurant «Lago Maggiore» inszenierte ich meinen

Auftritt. Gleich beim Eintreten rief ich dem Kellner zu: «Haben Sie noch einen Tisch für zwei Personen?» Problemlos wurde ich an einen Tisch begleitet. Während der nächsten Viertelstunde schaute ich immer wieder demonstrativ auf die Armbanduhr. Ich hatte bereits eine Vorspeise bestellt und der Aperitif war auch serviert. Bevor ich die Hauptspeise orderte, beichtete ich dem Kellner, dass ich mich mit meinem Geliebten im Auto gestritten hatte und er mich offensichtlich hier nun sitzen lasse. Der Wirt, ein echter galanter Italiener, fühlte gleich Mitleid mit mir. Die Rechnung präsentierte mir der Kellner mit einem aufmunternden: «Das Eis und den Espresso übernimmt das Haus.» Ich bedankte mich herzlich und musste schmunzeln. Single-Frauen sollte man nicht unterschätzen.

Eigentlich sieht es so aus, als ob ich mein Leben sehr inszeniert hätte, aber dem war nicht so. Oft liess ich mich von anderen fremdbestimmen, machte vieles, was andere von mir erwarteten, obwohl es mir keineswegs entsprach. Klar hatte ich immer wieder meine rebellischen Phasen. Ich denke da an mein Aufbegehren, als ich mich von der Familie zu sehr vereinnahmt fühlte. Meine erste Wohnung bezog ich erst mit 32 Jahren. Mein Zwillingsbruder nahm mir diesen harmlosen Akt der Freiheit übel und machte mir heftige Vorwürfe, wie ich die arme, verwitwete Mutter so allein in ihrem grossen Haus zurücklassen könne. Dass er selber mit 24 Jahren als frisch vermählter Ehemann ausgezogen war, sah er logischerweise als sein gutes Recht an, welches er mir jedoch absprach. Aus Wut schleuderte er mir den mit Porzellan beladenen Wäschekorb beim Umzug an die Wand, sodass ich buchstäblich mit Scherben in den Händen zum ersten Mal in meine Wohnung trat.

Ja, der Bruder, das eigentliche Kreuz in meinem Leben. Er hat mir jahrzehntelang viele Sorgen bereitet. Ich denke immer: Von schwierigen oder falschen Freunden kann man sich trennen, eine unglückliche Ehe kann geschieden werden, eine Arbeitsstelle kann man kündigen. Eine Religionszugehörigkeit kann man wechseln, den Partner austauschen. Doch Bruder bleibt Bruder, das Familienband kann man nicht durchtrennen. Er bleibt, was er ist, auch selbst dann noch, wenn er zum Schatten in meinem Leben wird. Ich habe ihn aus meinen täglichen Gedanken tief ins Land des Unbewussten fallen lassen. Ich will nicht weiter unter ihm und für ihn leiden. Zu viel ist schon passiert. Ich will nicht noch einmal in meinem Leben so nachhaltig verletzt werden.

In meiner jetzigen Lebensphase verspüre ich keine Lust mehr, immer nur Rücksicht zu nehmen, um akzeptiert zu sein. Meine Impulsivität drängt wieder nach aussen, wie damals in der Pubertät. Plötzlich finde ich wieder Gefallen an Provokation und positivem Kämpferwillen. Die vielen Jahre der Anpassung scheinen vorüber zu sein. Aber auch Durchsetzung um jeden Preis ist nicht mehr angesagt. Ich säge nicht mehr am Ast, auf dem ich selber sitze. Ein adäquates Nein zur rechten Zeit auf gute Art durchsetzen zu können scheint mir erstrebenswert. Ich weiss natürlich um meine Unfähigkeit, richtige Streitgespräche zu führen. Bei mir zu Hause wurde immer gleich verbal gelärmt oder mit Liebesentzug bestraft. Man ging einer Aussprache aus dem Weg. In dieses alte Verhaltensmuster falle ich immer wieder zurück und muss mich kritisch hinterfragen, auch die Nicht-Beziehung zu meinem Zwillingsbruder. Aber Familienharmonie gegen aussen um jeden Preis strebe ich nicht mehr an. Es gibt einen sehr speziellen Ort in meinem Garten. Mein Grundstück liegt direkt neben demjenigen meines Bruders, und die Grenze, vom Vermessungsamt festgelegt, verläuft mitten durch den Baumstamm einer hoch gewachsenen, uralten Fichte. Symbolträchtiger könnte das Ganze nicht sein. Der Hauptstamm dieser Mähnenfichte, dick und fest aus den Wurzeln wachsend, die beiden dünneren Stämme daraus hervorgehend, dazwischen der Grenzverlauf der beiden vererbten Grundstücke mitten durch das Zwillingsgehölze hindurch. Diese Tatsache berührt mich. Selbst die Natur spricht eine deutliche Sprache.

Mit zunehmendem Alter erahne ich die Gefahr einer speziellen Fessel, der ich als Single-Frau besonders ausgesetzt bin. Ein persisches Sprichwort sagt: «Grosse Dächer müssen mehr Schnee tragen.» Ja, wer ein solches Haus besitzt oder gar mehrere, hat schwerere Lasten zu tragen, vermehrt Probleme wegzuschaffen, grössere Verantwortung zu übernehmen. Dieses Mehr an Einsatz, an Aushalten, an Durchtragen verpufft viele Energien. Zu viel meiner Lebensqualität, so scheint mir, muss ich dem Diktat Pflicht unterordnen, denn Besitz war für mich stets auch Verpflichtung, nicht nur eine sichere Einnahmequelle. Ich möchte, einmal älter und vielleicht pflegebedürftig, als alleinstehende Frau nicht in die Fangarme von Anwälten geraten, die sich wie durchsichtige Medusen an einen heranmachen und zugreifen, sobald sie einer erbträchtigen, alleinstehenden Alten ansichtig werden und diese zu ihrem eigenen Goldesel heranzüchten.

Ich gehe auf das siebte Lebensjahrzehnt zu, und plötzlich verspüre ich den unbändigen Wunsch, mein Leben noch ein bisschen anders zu gestalten, meinen eigenen Mikrokosmos umzupolen, nicht mehr vor lauter Pflicht und Haben das Sein total zu vernachlässigen. Ich will nicht mehr nach den unangepassten Wünschen der jungen Verwandtschaft tanzen und bei Verweigerung einfach abserviert werden. Ich habe den Zenit des Lebens längst erreicht und befinde mich auf dem Abstieg, auf dem *Heim*-Weg im tiefsten Sinn des Wortes.

Die zermürbenden Streitereien um das Erbe, die wiederholten, überspitzten Erwartungen einiger meiner Freunde, ihnen gefälligst bei Verschuldung und Hypothekenlasten mit Hunderttausenden von Franken schnell aus der Patsche zu helfen, die vielen Neider und die Abkehr von Freundinnen, nachdem die reiche Alleinstehende sich nicht so verhielt, wie sie keck und egoistisch forderten, all das habe ich bis über beide Ohren satt.

Mit innerer Zufriedenheit und sogar Stolz kann ich heute gelassener und ausgesöhnt mit meinem Schicksal an die vielen Jahrzehnte – ausschliesslich für die Familie gelebt zu haben – zurückdenken. Ich sehe mich nicht mehr so sehr in der Rolle des Opfers, das durch Familienpflichten und starke familiäre Bande bewusst oder unbewusst an der freien Gestaltung seines eigenen Lebensmusters gehindert worden ist. Vieles erscheint mir in einem sanfteren Licht, und ich grüble nicht mehr darüber nach, wie wohl mein Leben verlaufen wäre, wenn da nicht die einengenden Familienbande oder die konfessionelle Kralle gewesen wären. Ich brauche keine Sündenböcke mehr für das nicht Realisierte oder das vielmehr doch Erhoffte. Im Stillen philosophiere ich höchstens darüber, worin überhaupt die hoch gepriesene Freiheit der eigenen Wahl bestehen möge. Was ist ihr vom Schicksal in die Wiege gelegt und was selber heraufbeschworen worden? Wie weit geht die vermeintliche Freiheit, das Leben selber an die Hand zu nehmen, nach den eigenen Wünschen zu gestalten? Wie viel Chemie spielt beim Verlieben eine Rolle? Wie nachhaltig ist der Einfluss der geerbten Gene? Wie viel wiegt der Einfluss von aussen, was macht sie davon zu ihrem eigenen Denken und wo beginnt weiterhin die Manipulation durch den Staat, die Kirche, die Massenmedien sowie die Freunde?

Seit einiger Zeit spüre ich eine neue, innere Stärke in meinem Denken und Handeln. Ich bin auf neue Art hellhörig geworden für die Bedürfnisse meiner Seele und meines Körpers. Allerdings stört es mich heftig, wenn ich mir eine Hot-Stone-Massage in einem Wellness-Center gönne und dafür bezahlen muss, von jemandem einmal am Körper berührt zu werden.

Aber das Wichtigste habe ich durch den Satz gelernt: Alles, was du besitzt, hat auch dich. Ich habe der Einsicht Taten folgen lassen, Liegenschaften verkauft und über die eigene Gleichgültigkeit gestaunt, mit der ich von fünfzig Jahre altem Familienbesitz loslassen konnte. Ich entschied spontan und ganz entgegen meiner üblichen Vorsicht. Ich suchte dabei nicht einmal nach dem Meistbietenden. Ich akzeptierte den Erstbesten. Für ihn ein Schnäppchen, für mich eine Befreiung, die ich mir etwas kosten liess, denn ich wollte mich nach meinem sechzigsten Geburtstag künftig nicht mehr mit einer stetig anspruchsvolleren und undankbareren Mieterschaft herumschlagen müssen.

Für wen eigentlich? Wer sollte dies einmal nach meinem Ableben bekommen? Eigene Kinder habe ich ja keine, es ist auch kein Ehepartner da, mit dem ich alles Schöne und Schwere teilen darf.

Schon lange hätte ich die Offenheit, eine Partnerschaft einzugehen, doch ein reifer Mann sucht sich eine junge Frau aus und keine Gleichaltrige. Heute, im Alter von 66 Jahren, werde ich statistisch gesehen wohl eher von einem Meteoriten erschlagen, als dass ich einen Mann fände, der meinen persönlichen Ansprüchen und Bedürfnissen entspräche. Ich habe keine Lust, mir einen 80- bis 85-jährigen Rentner anzulachen, damit ich ihm abends die Rheuma-Crème einstreichen darf und am Morgen dafür sorgen kann, dass er die Zeitung ans Bett gebracht erhält. Das brauche ich wirklich nicht! Miteinander alt werden ist etwas anderes. Dann ist die Umsorgung selbstverständlich.

Ich brauche auch niemanden, der mich herumfährt, ich fahre selber gerne. Ich brauche auch keine wandelnde Geldbörse, die mir die Ferien bezahlt. Das gönne ich mir selber. Ich brauche keinen selbsternannten Bodyguard, der mich ins Ausland begleitet, weil ich mich selber nicht getraue. Ich bin allein in vielen Teilen der Welt herumgekommen und habe sehr gut auf mich selber aufpassen können. Diese Selbstständigkeit und Unabhängigkeit machen es aber wiederum auch schwierig. Wo finde ich jemanden, der mir etwas gibt, bei dem ich das Gefühl habe, ich werde tatsächlich in meinem Menschsein beschenkt? Wie werde ich reicher in dem Sinn, dass mir jemand eine Facette im Leben zeigt, die ich noch nicht kenne? Wer lässt mich an seinem Alltag teilhaben, den ich so bisher nicht gelebt habe? Wer liebt mich um meinetwillen und nicht des Geldes wegen? Vielleicht hinterfrage ich zu viel und auf eine falsche Art. Ich bewundere und beneide die heutige Jugend, die eine Erziehung geniesst, die sich knallhart nach dem Motto richtet: Was bringt es mir? Was gibt es mir? In einer solchen Auseinandersetzung mit seinen eigenen Wünschen und der Hinterfragung der wichtigen Bedürfnisse braucht es sehr viel persönliche Stärke, damit man sein Leben bewusst in bestimmte Bahnen lenkt, um es nicht primär für die anderen, sondern auch für sich selber «stimmig» zu machen.

Nachdem mir schon sehr direkt und lieblos gesagt wurde: «Du hast in deinem Leben ja nur Hunde gehabt», meine ich doch, dass diese liebenswerten Geschöpfe es verdient haben, an dieser Stelle etwas ausführlicher erwähnt zu werden. Tatsächlich bedeuteten mir die Hunde in meinem Leben – ich hatte übrigens nur deren zwei – weit mehr als nur ein Anhängsel oder lediglich ein «In-sein-Wollen», wie für andere Westie-Halter.

Mein erster Highland White Terrier war ein schlaues Hündchen und hatte schnell begriffen, wie er seine Meisterin tyrannisieren konnte. So war es selbstverständlich für ihn, Frauchen in der Stadt spazieren zu führen und nicht so sehr sie den Hund. Mich störte dies nicht sonderlich, denn ich war geradezu vernarrt in ihn und stellte mich ganz auf seine Bedürfnisse ein. Im Bekanntenkreis lächelte man nicht selten über mich und meine Affenliebe zum Vierbeiner. Hinter vorgehaltener Hand wurde gar von Kinderersatz geflüstert. So etwas liess mich jedoch kalt.

Dono, so hiess er, war ein Welpe von sieben Monaten, als ich eine ganz speziell aufregende Situation mit ihm durchstehen musste. Ich war mit meiner Freundin in Rapallo bei italienischen Bekannten zu Besuch. Nach der Ankunft am Ostersonntag stellten wir unsere Koffer in der Eigentumswohnung der Gastgeber ab und gingen gleich mit dem Hund spazieren. Plaudernd und lachend Richtung Zentrum, steuerten wir das Boulevard-Restaurant an der Meerespromenade an. Es war später Vormittag, und viele elegant gekleidete Leute flanierten auf und ab, Kinder sprangen spielend zwischen ihnen umher. Zwei kleine Buben hielten Plastiktrompeten in den Händen, und eh ich mich versah, schlug einer davon Dono damit auf den Kopf. Der Hund erschrak, und mit einem heftigen Ruck nach hinten löste er sich aus dem Halsband und rannte weg.

Ich, mit der leeren Leine in der Hand, rief ihn laut beim Namen, doch der Hund sprang auf die viel befahrene Strasse, überquerte diese und entfernte sich immer mehr von mir. Ich befürchtete, den Hund nie mehr zu bekommen, denn wer immer dieses süsse Geschöpf allein, ohne Halsband und Nummer herumirren sähe, würde es sofort nehmen und auch behalten wollen. Oder noch schlimmer war die Vorstellung, der unerfahrene Hund würde sich auf die nahen Bahngleise verirren und dort auf grässliche Weise umkommen. Richtige Horrorgeschichten tauchten vor meinem inneren Auge auf, und ich wurde immer hysterischer. Nach gut einer Stunde des Suchens, als mir die Füsse in den neuen Pumps brannten und ich nicht mehr weiterwusste, hielt ich einen Motorradfahrer an der roten Ampel an und flehte: «Bitte, bitte, nehmen Sie mich mit und helfen Sie mir, meinen Hund wiederzufinden.» Bevor der ahnungslose Verkehrsteilnehmer richtig verstehen konnte, wie ihm geschah, zog ich meinen engen Jupe unanständig hoch und klammerte mich auf dem Soziussitz an ihn. Mir war alles egal, konnten die umherstehenden Leute denken, was sie wollten. Der Mann fuhr los, denn hinter ihm hupten die ungeduldigen Automobilisten. Nach ein paar unfreiwilligen Runden in den alten Gassen hiess der Fahrer mich unverrichteter Dinge absteigen. Nun dachte ich an ein Taxi. Doch dann hatte ich eine viel genialere Idee. Nachdem ich fünf Taxichauffeuren die traurige Story erzählt hatte, bat ich sie, mit ihren Autos nach dem verlorenen Welpen zu fahnden. In einer Stunde würde ich wieder hier sein und sie alle bezahlen. Die Fahrer gingen auf den Vorschlag ein und fuhren los. Vielleicht versteckten sie sich aber auch nur ein paar Ecken weiter in einer Cafeteria und warteten die abgemachte Uhrzeit ab, um der in ihren Augen zweifellos irren Ausländerin eine gesalzene Rechnung zu präsentieren.

In der Zwischenzeit blieb ich natürlich nicht untätig. In einiger Entfernung sah ich afrikanische Strassenverkäufer mit ihren auf dem Boden ausgebreiteten, nach Ziegenleder stinkenden Taschen auf Kundschaft warten. Auch mit ihnen schloss ich einen Deal ab. Wer mir nach einer Stunde Dono wiederbringen würde, bekäme tausend Schweizerfranken auf die Hand. So eine Osterüberraschung liessen sich die Schwarzarbeiter natürlich nicht entgehen, und sie rannten los. Es kam, wie es kommen musste. Die Taxifahrer zeigten auf ihre Tachometer mit den horrenden Preisen und die dunkelhäutigen Strassenverkäufer kamen ohne Dono von ihren Pirschtouren zurück. Eine Polizistin wurde auf mich aufmerksam und fragte nach meinem Problem. Ich erzählte ihr aufgelöst von meinem verlorenen Hund. Sie sprach in ihr Handy: «Nichts Wichtiges, nur ein verlorener Hund.» Ich schrie sie an: «Was heisst hier NUR? Es ist MEIN Hund!» Sie riet mir, mich bei der Polizeistation zu melden. Ich irrte weiter durch die Strassen, denn bei der Polizei war Siesta angezeigt und ich musste bis 16 Uhr warten. Meine Hoffnung, den Hund wiederzusehen, schwand. Doch meine Freundin sass bereits in einem dunklen Korridor vor dem Polizeibüro, hielt ein weisses, bellendes Etwas in ihren Armen und meinte vorwurfsvoll: «Wo bleibst du die ganze Zeit? Dono hat mich zu Hause am Lift erwartet.» Der kleine, intelligente Hund hatte ganz allein zum Feriendomizil zurückgefunden, obwohl er erst einige Stunden zuvor dort das erste Mal für wenige Minuten gewesen war. Soviel zum Thema Hundeliebe.

Das Loslassen vermeintlicher Wahrheiten, das vorsichtige Ändern des Alltagstrotts, das Neue noch einmal versuchen geht bei mir weiter. Im Kopf, im Herzen und manchmal auch durch konkretes Tun oder Lassen.

Auf die Frage Neugieriger, «Was, du hast *tabula rasa* gemacht? Wieso?», lächle ich nur und sage schelmisch: «Du kannst ja in deinem

Leben auch mit dem Aufräumen anfangen, ich sage dir, es ist herrlich befreiend.» Ganz im Stillen, nur mir selber, gestehe ich zuweilen ein, dass es wohl leichter ist, das Leben schwer zu nehmen, als es leicht zu leben.

Redaktion: Lucette Achermann

Gül (*1953)
Dramaturgin, TV-Produzentin, Redakteurin

«Für mich ist ‹Wahlverwandtschaft› so wichtig wie für andere die Familie. Jede Beziehung muss gepflegt und beschützt werden, vor allem die ‹freiwillige›!»

Relativ früh verspürte ich den Wunsch, gegebene Normen zu hinterfragen und nicht einfach in einem festen Rahmen zu leben, weil «man» es so macht, vorgegebene Konventionen und die herrschende Moral kritisch zu reflektieren und dann den Lebensrahmen entsprechend selbst zu bestimmen, sonst macht sich das Gefühl des «Gefangenseins» breit. Daraus kann theoretisch ein ganz anderes Lebensmodell entstehen, was keine Wertung ist. Bei der Vorstellung, du hast mit dreissig einen Mann, zwei Kinder, ein Haus, einen Wagen und einen Baum, stellte ich mir immer die Frage «Und dann?». So etwas war mir immer zu eng, zu klein, zu statisch.

Ich bin in einer relativ komplizierten Familie mit brüchigen Strukturen aufgewachsen. Ein Kind zweiter Generation, mein Vater war fünfzig als ich zur Welt kam. Er hatte bereits aus der ersten Ehe drei Kinder. Seine älteste Tochter war eine Freundin meiner Mutter, so alt wie sie. So lernten sie sich kennen. Nach der Scheidung von seiner ersten Frau waren die Töchter auf der Seite ihrer Mutter. Vor allem die beiden jüngeren hatten uns gegenüber, meinen Eltern natürlich, aber auch meiner anderthalb Jahre jüngeren Schwester und mir, eine sehr reservierte Einstellung. Nur zur ersten Tochter meines Vaters und ihren Kindern behielten wir immer einen guten Kontakt. Die Generationen vermischten sich – die Tanten waren so alt wie die Nichten und Neffen, die Schwestern so alt wie die Mutter, die Oma so alt wie der Vater, die Schwestern waren wie Mutter und Töchter – eine grosse Familie, aber nicht sehr homogen und mit starken Kontrasten, verknüpft mit vielen Scheidungsgeschichten, zermürbenden Partner-

und Beziehungsdiskussionen. Zudem gibt es noch zwei ausserehelische Kinder meines Vaters. Eine Grossfamilie, doch keine organische. Vermutlich finde ich deshalb Heiraten absurd, denn eine Beziehung respektive Gefühle lassen sich nicht aufgrund eines Ehevertrages aufrechterhalten.

Als meine Mutter einen 23 Jahre älteren, geschiedenen (!) Mann heiratete, war ich bereits vier Wochen alt. In den grossbürgerlichen Strukturen, in denen meine Mutter aufgewachsen ist, war das eine Katastrophe, und sie wurde von ihrer Familie sozusagen «moralisch enterbt». De facto gab es nichts zu vererben, denn ihre Eltern mussten damals aus Prag flüchten. Jedenfalls versuchten sie das Liebesverhältnis ihrer Tochter mit unschönen Mitteln zu unterbinden. Es ist ihnen nicht gelungen. Im siebten Monat schwanger flog meine Mutter nach Istanbul, wo mein Vater arbeitete. Daher mein türkischer Vorname Gül. Die Feindschaft der Schwiegereltern meinem Vater gegenüber hielt fast zwanzig Jahre. Eisige Kälte. Meine Oma und mein Vater waren gleich alt. So mit 75 haben sie sich langsam angenähert. Das sind Fakten, die natürlich einem Kind nicht verborgen bleiben. Dafür habe ich früh ein Gespür entwickelt, ich glaube ohnehin, dass ich über eine gute Intuition verfüge.

Alle diese prägenden Vorkommnisse in meiner Jugend trugen bis heute dazu bei, dass ich überhaupt nicht begreifen kann, warum man unbedingt heiraten muss. Liebe und Gefühle werden nicht besiegelt durch ein Papier, das der Staat unterschreibt. Der «schönste Tag im Leben» von irgendeinem Staatsbeamten unterschrieben? Wenn man aus religiösen Gründen eine Ehe eingeht, kann ich das verstehen. Wenn man sich vor lauter Liebe sagt, man will den Rest seines Lebens miteinander teilen, ja! Aber ein Versprechen vor dem Staat? Da läuten bei mir alle Alarmglocken. Zudem bin ich ein Kind der Siebzigerjahre. Eine Zeit der Gegenbewegung zu den vergangenen, starren Fünfziger-/Sechzigerjahren, den patriarchalischen Nachkriegsjahren. Heute sind wir ja so weit, dass auch in «wilder» Ehe die Versorgung der Kinder reguliert werden kann. Ich hätte gerne Kinder gehabt. Es hat nie funktioniert, biologisch.

Meine Schwester hat ihr Kind unehelich zur Welt gebracht. Sie war mit dem Mann sieben, acht Jahre liiert. Als das Kind in die Schule kam, wurde geheiratet, damit alle den gleichen Nachnamen haben und es zu keiner Verwirrung für das Kind käme. Die Ehe hat gerade mal zwei, drei Jahre gehalten. Da frage ich mich dann eben doch: «Muss das sein?» Die Ehe in ihrer romantischen Vorstellung ist ein Idealbild, das es so nicht gibt. Die staatliche Versorgungsehe hat mit Gefühlen überhaupt nichts zu tun – und ist Gott sei Dank längst passé. Versorgen kann ich mich alleine! Insofern bin ich die selbstständige Single-Frau.

Meine Familie hat mir manchmal vorgeworfen, ich würde für nichts Verantwortung übernehmen. Darüber habe ich lange nachgedacht und tue es nach wie vor. Es stimmt so nicht, denn natürlich übernimmt man als Single durchaus Verantwortung – für die «Wahlverwandtschaft» – und für den Partner. Im Gegenteil: Das Engagement ist mindestens so gross, wie wenn man verheiratet wäre, denn es erfordert ununterbrochene Aufmerksamkeit und Anstrengung, diese Beziehung zu schützen und zu pflegen. Eben weil es keinen staatlichen Schutz gibt.

Nach den Hippies und den 68ern kam in den Siebzigerjahren die Generation der sozial Engagierten. Dazu gehörte ich. In München arbeitete ich ehrenamtlich für eine Organisation, die sich «Hipsy» nannte: Hilfe für psychisch Kranke. Es war unser Ziel, den Patienten eine Brücke zur Aussenwelt zu bauen, um sie wieder in die Gesellschaft zu integrieren. Wir hatten ganz famose soziale Ansprüche. Ich hatte in meiner Pubertät eine Phase, in der ich unbedingt nach Lambarene gehen wollte. Letztendlich ist mir der Hang zum Sozialen geblieben, die Krankenschwester für alle sein zu wollen. Natürlich wollte ich das werden. Mein Vater steuerte allerdings vehement dagegen. Er fand diesen Berufswunsch grauenhaft: nur Kranke, Ärzte und Tote, abscheulich! Er ebnete mir alle Wege zum Theater. Normalerweise ist es umgekehrt. Wenn ein Kind sagt, ich möchte am Theater arbeiten, rät der Vater: «Werde lieber Krankenschwester, das ist ein anständiger Beruf.» Bei mir war es umgekehrt. Meine soziale Ader und dieses Denken, «Ich beschütze, ich helfe, ich moderiere», sind mir bis heute geblieben.

Zu Hause war ich immer die Grosse. Die jüngeren Geschwister leiden wahrscheinlich unter den Älteren, aber die Älteren auch unter der Rolle der allzeit Vernünftigen und Führenden. Ich habe lange, lange gelitten unter der Aufgabe «Ich bin verantwortlich für alles und jeden». Sich davon zu befreien ist ein mühsamer Weg, aber wichtig, um die eigene Mitte finden zu können. Den älteren Geschwistern wird ordentlich viel aufgebürdet. Sicherlich verstärkt meine charakterliche Disposition dies auch noch.

In der Nähe von München ging ich zwei Jahre aufs Gymnasium und bin in Englisch und Mathematik durchgefallen. Eigentlich war ich darin gut, auch in Mathe, aber die Lehrer gaben mir schlechte Noten. Meine Mutter ging einige Male in die Lehrersprechstunde und konnte doch nichts erreichen. Ich hatte damals und habe heute noch die These: Wenn mein Vater hingegangen wäre, hätten sich die Lehrer mit mir etwas mehr Mühe gegeben. Man liess mich durchfallen. Und ich hätte wiederholen sollen, aber ich wusste, ich werde dort nie wieder hingehen. Ich muss von einer grossen Bestimmtheit gewesen sein. Aus tiefster Überzeugung sagte ich zu meinen Eltern: «*Never ever!*» Eine Woche vor Schulschluss mussten meine armen Eltern eine neue Schule für mich suchen. Sie haben kein Gymnasium gefunden und schickten mich auf eine Realschule. Dort war ich ein «Star». Die vier Jahre auf der Realschule waren ganz einfach für mich. Der praktische Unterrichtsstoff nämlich: kaufmännisch Rechnen, Sozialkunde, Maschinenschreiben, Stenografie, Kochen, richtig toll. Ich kann heute noch Steno und das Zehnfingersystem. Alles hat seinen Sinn!

Idole hatte ich keine, aber ich habe geschwärmt. Lex Barker war für mich der Inbegriff eines Mannes. Gross, blond, stark, athletisch. Der zweite Schwarm war Dietmar Schönherr. Dieses erotische Spiel zwischen Dietmar und Eva Pflug im «Raumschiff Orion» brachte mich bis zur Eifersucht. Ich wollte mich dazwischenschmeissen!

Immer noch mit dem Gedanken, Krankenschwester zu werden, plante ich, als Au-pair nach London zu gehen. Um meinen Flug zu finanzieren, arbeitete ich als Aushilfskraft im sogenannten «Haushaltsbüro» des Residenztheaters in München. Die Buchhaltung des Theaters. Es wurde mir die Aufgabe übertragen, die Vorstellungsberichte, also die Einnahmen jeder Vorstellung zu kontrollieren. Da habe ich richtig Blut geleckt. Der Einblick, wie viele Freikarten, wie viele Steuerkarten im Umlauf sind, wie viele Karten ans Ministerium gehen, wer da kommt oder auch nicht kommt, wie viele Menschen die Toilette besuchen und warum bei unterschiedlichen Vorstellungen sie unterschiedlich oft frequentiert wurde, wie hoch die Garderobeneinnahmen sind. Ich habe richtig von der Pieke auf gelernt, ich arbeitete also zuerst im Haushaltsbüro, dann im Technischen Büro, später im Betriebsbüro und wurde dann in die Dramaturgie geholt, wo ich mich bis zur Assistentin hochgearbeitet habe. Nebenher holte ich das Abitur am Abendgymnasium nach. Meinen Magister machte ich in Theaterwissenschaft und Germanistik. Danach war das Theater für mich abgeschlossen. So etwas mache ich gern, abschliessen und dann etwas Neues beginnen. Dank meines Aufenthaltes in London war mein Englisch blendend, und so arbeitete ich, zuerst um mein Studium zu verdienen, später als German Representative, für den grössten Filmkostümverleih mit Sitz in London: Bermans and Nathans. Eine interessante Zeit. Danach ging ich zum Film und habe bei einer kleinen Firma alles gemacht, was es beim Film zu tun gibt – von der Kabelträgerin, Regieassistentin, Set-Aufnahmeleitung hin zur Musik-, Schnitt- und Textberatung, Dramaturgie und Stoffentwicklung –, ein Jahr ganz konzentriert. *Learning by doing.* Damals gab es noch keine spezifische Produzentenausbildung.

Aus meiner heutigen Sicht betrachtet, fand der einschneidendste Wendepunkt mit dreissig statt. Ich lernte die grosse Liebe kennen, mit der ich dann 23 Jahre zusammen war, ohne dass wir gemeinsam wohnten. Mit diesem Mann habe ich alles gemacht: Reisen, Theater und Konzertbesuche, ich habe mit ihm den Wein kennengelernt und die gute Küche, inspirierende Bücher gelesen und Ausstellungen besucht. 23 Jahre, die für mich enorm bereichernd und wichtig waren, mich sehr prägten. Der Altersunterschied zwischen uns betrug zwanzig Jahre, vor gut zwei Jahren haben wir uns getrennt, sehr freundschaftlich. Und darauf bin ich sehr stolz. Wir schreiben uns heute noch und tauschen den neuesten Stand der Dinge aus.

Entscheidend und richtungsweisend für mein Leben war meine Berufsentscheidung. Ich weiss bis heute nicht, warum ich nicht doch Krankenschwester wurde oder Medizin studiert habe, sondern beim Theater und später beim Film landete. Es gab nur eine einzige (berufliche) Fehlentscheidung, ansonsten hatte ich immer das Gefühl, alles hat sich gut aufeinander aufgebaut. Meine Zick-Zack-Wege hatten ihren Sinn. Wahrscheinlich auch diese Fehlentscheidung.

Eine der schönsten Zeiten war die Arbeit als Redakteurin bei einem der neu gegründeten TV-Privatsender. Wir waren auf diesem Feld «Pioniere», konnten unendlich viel bewegen, schnelle Entscheidungen treffen. Die Beschäftigung mit allen Formaten, allen Genres, vielen Autoren, Regisseuren, Schauspielern machte mir grossen Spass. Eines Tages erhielt ich ein Angebot eines «seriösen» Senders. Ich habe es angenommen. Erstens war ich dann ganz in der Nähe meines Partners, zweitens war es ein Karrieresprung. Aber schon nach zwei Monaten wusste ich, dass mir diese Welt bald zu klein werden würde. Dennoch bin ich drei Jahre geblieben. Dann habe ich meine dort gesammelten Erfahrungen in ein «Schachterl» gepackt, abgeschlossen, bereit für einen Neuanfang. Wie gesagt, ich fange gerne neu an.

Ich brauche Luft zum Atmen. Ich muss die Möglichkeit haben, mich frei bewegen zu können, nach welcher Richtung auch immer. Deshalb liebe ich inzwischen Berlin, weil ich hier alle Möglichkeiten habe, die man ja gar nicht alle nutzen kann. Aber das Gefühl, sie eventuell nutzen zu können, tut mir gut.

Enttäuschend für mich war, dass nach meinem Abgang von diesem renommierten Sender viele Leute mich plötzlich nicht mehr kannten. Die Erkenntnis, dass das Freundsein nur auf deiner Position oder Funktion basiert, tut im ersten Moment weh. Man muss begreifen, dass es mit dir selbst als Mensch null und nichts zu tun hat. Vermutlich gehen Männer mit solchen Problemen weniger emotional um, auch wenn ihnen das Gleiche passiert. Und sie haben andere Vernetzungen, unsere Netzwerke sind weder gut noch wirklich gut gepflegt. Wir tun uns in dieser Beziehung enorm schwer.

Auf der beruflichen Ebene war mein Unverheiratetsein nie ein Thema. Interessanterweise kriegt man es eher von der Gesellschaft zu spüren. Bis ich fünfzig war, wurde ich selten gefragt, warum ich weder verheiratet bin noch Kinder habe. Jetzt werde ich öfter damit konfrontiert. Wir erleben aber auch eine gesellschaftliche Werte-Wandlung. Die Familie, Mütter und Kinder haben wieder eine deutlich positivere Bedeutung, ledige Frauen ohne Kinder sind gesellschaftlich nicht sehr angesehen. Die Alterspyramide vergrössert sich. Die Frauen, die keine Kinder kriegen, haben ihre gesellschaftliche Pflicht nicht erfüllt. Ich erinnere mich an eine Diskussion, dass Frauen ohne Kinder mehr Steuern bezahlen müssten. Wenn ich so etwas höre, wird mir ganz schlecht. Warum müssen sich alle verteidigen, die keine Kinder haben? Ob freiwillig kinderlos oder nicht …?

Als ich schwanger war, änderte sich das Mutter-Tochter-Verhältnis schlagartig. Dann hatte ich eine Fehlgeburt, es wurde zwischen meiner Mutter und mir nie mehr darüber gesprochen. Unterschwellig gefiel ihr auch der Altersunterschied zwischen meinem Freund und mir nicht sehr, absurderweise. Sie äusserte sich jedoch mir gegenüber nie dazu. Sonst hätte ich gesagt: «Da spricht gerade die Richtige!» Sie, die so unkonventionell war, hätte sich für mich das Konventionelle gewünscht.

Wenn ich heute nochmals von vorn beginnen könnte, würde ich wahrscheinlich nicht vieles anders machen. Natürlich gerate ich manchmal in diese Halb-Stunden-Depression, aber wenn das vorüber ist, fühle ich mich wieder ganz wohl in meiner Haut. Eine meiner Lieblingsautorinnen ist die deutsch-türkische Sozialwissenschaftlerin und Frauenrechtlerin Necla Kelek. Sie hat wichtige Bücher geschrieben, die man einfach lesen muss: «Die fremde Braut», «Die verlorenen Söhne» und andere. In einer Talk-Show sagte sie neulich etwas sehr Kluges: Religion ist für sie ein Konglomerat aus ganz vielem, aus christlichen, islamischen und humanistischen, psychologischen, philosophischen Werten. Meine Basis dieses Konglomerats ist ein christlich-demokratischer Glaube. Wir haben ja inzwischen ein buntes Allerlei an kulturellen Einflüssen, aber unsere Kultur ist in der Basis christlich geprägt. Und diese Werte sind meiner Meinung nach für eine gut funktionierende, demokratische Gemeinschaft unumgänglich. Jede Form von Ausschliesslichkeit ist intolerant.

Der Vorteil als Single-Frau ist, sich das Leben so einzurichten, wie man es für richtig findet. Eine Selbstbestimmtheit, die ich nicht egoistisch empfinde. Ich habe eine gute soziale Vernetzung und wirklich gute Freunde, Wahlverwandte. In einer anderen Konstellation wäre dies vielleicht gar nicht möglich. Die Wahlverwandtschaft halte ich für eines der wichtigsten sozialen Kriterien. Sie muss gehegt und gepflegt werden, dann bleibt sie auch bestehen. Dank meiner familiären Struktur glaube ich auch nicht daran, dass Blut dicker als Wasser ist. Die moralische Verpflichtung Freunden gegenüber ist mir genauso wichtig wie zu Blutsverwandten.

Es hindert mich nichts, alleine unterwegs zu sein. Das ewige Gejammer, arme, alleinstehende Frauen würden schlecht behandelt, ist ein Schmarren. Man selber fühlt sich vielleicht blöd, aber heutzutage wird kein Mensch deshalb schlecht behandelt, weil er allein ist. Klar, ein Restaurant besetzt lieber einen Sechsertisch als einen Einzeltisch, aber das hat mit Männlein und Weiblein nichts zu tun.

Mehr zu denken gibt mir die Tatsache, dass eine andere Generation nach und nach die Position auf den Entscheidungsposten einnimmt. Zu wissen, aha, jetzt rutschst du so langsam auf eine andere Etage, in die zweite Reihe. Ich weiss nicht, ob ich unter den momentanen Umständen meinen Beruf noch weitere zwanzig Jahre machen kann und möchte.

Ich träume, auf eine Weltreise zu gehen, ein Weinstübchen mit einem Lesezirkel zu eröffnen, einen Weinberg zu kultivieren. Acht Jahre noch, dann mache ich ganz was anderes. Ich schaue positiv in die Zukunft. Für Kleinkariertheit und Intoleranz habe ich kein Verständnis. Choleriker oder schreiende Menschen mag ich nicht. Gewalt in jeder Form schreckt mich ab, auch die verbale. Schwarz-Weiss-Malerei lehne ich ab. Man weiss nie genau, weshalb und warum sich eine Sache so entwickelt hat, wie sie ist. Fanatismus ist mir unendlich fremd. Obwohl ich mich als Entweder-oder-Frau bezeichnen würde. Ich geniesse – und wenn man geniesst, muss man ganz geniessen. Hinterher kann ich drei Tage fasten, um meinen Kater wieder aus den Poren zu filtrieren. Und wenn ich eine Aufgabe übernehme, knie ich mich richtig hinein. Entweder ganz oder gar nicht!

Hinter der Entwicklung des Feminismus anfangs des 20. Jahrhunderts stehe ich mit Überzeugung. Die Frauenbewegung und die Nachkriegsgeschichte sind Fortschritte, die ich bewundere. Das sogenannte Letztentscheidungsrecht des Ehemannes ist erst Ende der Fünfzigerjahre gefallen. Zuvor durfte die Frau keine Entscheidung in allen Angelegenheiten des gemeinschaftlichen Lebens treffen, also zum Beispiel nicht einmal eine Kaffeemaschine alleine kaufen. Das Vermögen, das die Frau in die Ehe einbrachte, wurde vom Mann verwaltet, und ihm allein standen die Einkünfte aus diesem Vermögen zu, es gab eine Hausarbeitsverpflichtung der Ehefrau, und somit konnte sie alleine keine Arbeitsstelle annehmen, keine Mietverträge abschliessen, ohne dass der Mann seine Unterschrift gab. Besonders hart traf es die Frauen, die während und nach dem Krieg ihre Familie alleine und ohne Mann durchbringen mussten. Nach dem Krieg wurden sie wieder in die Rolle des kleinen Heimchens am Herd gezwungen. So etwas wäre für uns heute unvorstellbar.

Fliegen wie ein Vogel möchte ich können. Klavier spielen auch. Ich habe es versucht, aber nicht bewältigt. Tanzen ist meine Leidenschaft: Walzer, Salsa, Tango. Einmal die Woche gehe ich in eine ganz wunderbare Tanzschule, mit Tanzkursen und offenen Tanzabenden. Tanz ist immer erotisch. Ich liebe den Wienerwalzer, den langsamen Walzer und Quickstep. Als ich mit 16 konfirmiert worden bin, hatte unser lebenslustiger Pfarrer einen Spruch für mich gewählt: «Haltet mich nicht auf, denn Gott hat Segen auf meinen Weg gegeben!» Der Pfarrer hatte mich durchschaut, ich brauche Bewegung in jeder Hinsicht. Es wurde mein Lebensmotto: Haltet mich nicht auf!

Einschlafen und sterben wie mein Vater wünsche ich mir. Er war 86 Jahre alt und irgendwo unterwegs, in einer seiner Stammkneipen, vielleicht im «Bierteufel» oder im «Weinpalast». Meine Mutter arbeitete konzentriert in ihrem Atelier. Nach Einbruch der Dämmerung dachte sie, komisch, er ist immer noch nicht zu Hause, gewöhnlich war er spätestens zur Tagesschau wieder zurück. Um 20.30 Uhr verliess meine Mutter ihr Arbeitszimmer, um die verschiedenen Lieblingslokale meines Vaters anzurufen. «Ja, Ihr Mann war heute bei uns, aber er ist schon lange wieder gegangen.» Nach etwa einer Stunde startete sie nochmals eine inzwischen relativ besorgte telefonische Suchaktion. Plötzlich fiel ihr Blick, zum ersten Mal an diesem Abend, zur Ecke, wo das Bett ihres Mannes stand. Da lag er und war tot. Er musste irgendwann in den letzten zwei Stunden ganz fröhlich nach Hause gekommen sein, hat sich hingelegt und ist für immer zufrieden eingeschlafen.

Es hat eine Zeit gegeben, da war der Begriff *single* positiv besetzt, inzwischen wird er durchaus negativ verwendet. Deshalb stolpere ich über solche Begrifflichkeiten wie «Single-Frau».

Als wichtig erachte ich, seine eigene Mitte zu finden, sich nicht zu verbiegen. Auch innerhalb der Gemeinschaft. Ich glaube, dass jede Beziehung schwierig wird, je weniger man in sich ruht, man sich nicht selbst gefunden hat, eine Eigenverantwortung spürt (denn ohne die kann man auch keine Verantwortung der Gesellschaft gegenüber sinnvoll erfüllen). Egal in welcher Familienkonstellation. Heute bin ich weniger gegen das Heiraten als vor dreissig Jahren. Im Nachhinein wurde mir gesagt, dass ich früher eine Antiheirat-Aura ausgestrahlt hätte. Ich habe zwei Heiratsanträge auf diese Art und Weise abgewürgt, bevor sie überhaupt ausgesprochen wurden. Mir war das nie bewusst. Bei meiner grossen Liebe war das Heiraten kein Thema.

Manchmal glaube ich, dass bei einer Beziehung in späterem Alter, wenn man sich also langsam auf dieser Zielgerade bewegt, dieses staatliche Papier zum ersten und einzigen Mal einen Sinn macht. Denn die Wahrscheinlichkeit, dass einem Partner etwas passiert, wird grösser, und in einem solchen Notfall ist in jedem Krankenhaus eine offizielle Beziehungsstruktur einfacher.

Ich bin keine Panikerin, das Wissen, dass mich fast nichts aus der Ruhe bringen kann, ist ein angenehmes Gefühl, auch im Zusammenhang mit dem Alter. Gelassenheit entwickeln können, ein Fels in der Brandung sein, auch für die Mitmenschen. In meinem Baumhoroskop bin ich eine Esche. Das ist wahrscheinlich typisch für mich. Ich kann meine Eschenarme ausbreiten, um alle, die mich brauchen, ob es stürmt oder schneit. Diese eigene Sicherheit mag ich gern weitergeben. Die Welt kann aus den Fugen geraten mit all den Finanz- oder Medienkrisen, ich lasse mich nicht entwurzeln. Menschen dürfen sich an mich anlehnen.

Redaktion: Irène Hubschmid

Dora, «l'oiseau bleu» (*1939)
Schriftstellerin, Malerin und Troubleshooterin

«Ein Stück Natur war ich von jeher,
aber in der ersten Hälfte meines Lebens war ich ein Blatt.
Abhängig und später als Laub umhergetrieben.
Heute bin ich der Wind…»
(Zitat aus «Tanz der Soliden» von Dora Koster)

Als Zwölfjährige sagte ich: «Zuerst will ich leben!» Ich schrieb meine ersten Liebesgedichte, an eine Lehrerin. In der Pubertät braucht man jemanden zum Anhimmeln. Provokativ pfiff ich manchmal während der Schulstunden, damit ich zur Strafe nachsitzen musste. So hatte ich meinen Schwarm für mich alleine. Idole hatte ich jedoch nie, schon das Wort an sich gefällt mir nicht. Diese «Achtundsechzigerlölis» mit ihren bedruckten T-Shirts und Che-Guevara-Freaks verachtete ich.

«Wäldälä» gehörte zu meinen Lieblingsbeschäftigungen. Ein Naturkind eben. Stundenlang beobachtete ich eine Füchsin mit ihren Jungen. Viel lieber als in einen Kinderwagen schaute ich in ein Nest mit jungen Hunden.

Mein Vorhaben, im späteren Alter Schriftstellerin zu werden, realisierte sich schon mit vierzig. Eine Familie mit Kindern habe ich mir um Gottes willen nie vorstellen können. Wie üblich fragte sich auch meine Mutter: Wann bringt die Tochter endlich einen Buben nach Hause, der als Schwiegersohn passen könnte? Für mich war das kein Thema! Zwar habe ich nichts anbrennen lassen, aber ich stellte schnell fest, dass es für eine feste Bindung nicht ausreichte. Wenn jemand mit mir zusammen wohnte, hielt ich das nicht lange aus, weil ich gerne nachts ans Fenster gehe und rausgucke. Wenn dann hinter meinem Rücken gefragt wird: «Schatz, was denkst du?», ist die Sache für mich gelaufen.

In der turbulenten Kindheit fehlte mir die Zeit zum Träumen. Auf einer Achterbahn wird nicht geträumt. Ich wuchs in verschiedenen Familien und Internaten auf. Mit zwanzig verschlug es mich nach Paris, nachdem ich mich von der Pflegerinnenschule bei den Diakonissinnen in Biel verabschiedet hatte. Die wurden rausgeekelt. Wenn die gehen müssen, dachte ich, trete ich auch von der Schule ab.

Ich las ein Inserat: «Beamtenfamilie in Paris sucht Angestellte.» Per Telegramm teilte ich der Familie mit: «Komme morgen.» Ohne zu fragen, ob die damit einverstanden waren. Mit meiner Schweizerzeitung stand ich am Gare de l'Est. Niemand holte mich ab. Ich entschied, eine Taxe zu nehmen. Der Fahrer veranstaltete gleich eine Stadtrundfahrt. Am Place des Vosges 14 klingelte ich. Auf der obersten Treppenstufe stand eine Madame mit Turban und Schlarpen. «Voilà, je suis la petite Suissesse!», zwitscherte ich fröhlich nach oben. «Puisque vous êtez là, montez!», krähte sie schroff nach unten. Das Haus meines Patrons stand direkt neben dem von Victor Hugo. Einer meiner wenigen, aber umso intensiveren Träume realisierte sich. Ich legte mich ins Bett des toten Dichters. Da lag ich nun ausgestreckt und erlaubte mir weiterzuträumen. Besucher des Museums spazierten vorbei und schüttelten die Köpfe; irgendwann schüttelten mich zwei Beamte aus dem verehrten Bett.

Nach Paris landete ich in Zürich und wollte zu meinem ersten Ball. Naiv rief ich im Studentenheim an: «Da ist Dorli Koster, ich suche einen Prinzen für meinen ersten Ball!» Ich trug ein hellblaues Kleid und fühlte mich wie eine Prinzessin. Hinterher war ich eine schwangere Prinzessin. Aber der Prinz ist in andere Reiche geritten.

Ich bin eine überzeugte Single-Frau. Das heisst, ich habe sie, die schönsten Männer, reingenommen, ich habe sie alle reingenommen. Sie mussten schön sein für mein Künstlerinnenauge. Grosszügige oder grossherzige Freier, mit oder ohne Goldkettchen um den Hals, manchmal auch mit einem «Föhn» im Sack.

In meine jetzige Stube darf nie mehr ein Mann treten. Selbst der «Pöstler» muss draussen warten.

Was ich am meisten liebte, war Pferdestehlen, ob mit Mann oder Frau. Aber beim Pferdestehlen kannst du keinen Wisa-Gloria mitschleppen, da hat kein Kinderwagen Platz.

Auf meiner Lebensachterbahn wurde ich automatisch etwas sportlich. Härtere Züge bildeten sich auf meinem Antlitz, aber die weichen habe ich trotzdem nicht verloren.

Ich bin die Dreizehnerkugel. Mich darf man nicht mehr als Frau angucken, schon gar nicht als Lesbe. Weder ein Hetero noch ein Schwuler. Die Leute mögen nicht, dass sie überall nur noch eine Nummer sind. Ich habe mich selbst nummeriert. Ich lasse mich gerne herumschieben, weil ich eine gefährliche Kugel bin. Der Filz, auf dem ich im Leben herumgeschoben wurde, geht automatisch kaputt, denn ich bin so beweglich geworden. Alles ist verfilzt, der ganze Weltfilz. Bei mir hat er keine Chance. Ich zerstöre ihn mit meiner Beweglichkeit. Die Kugel auf dem Billardtisch rollt weiter, ich bleibe rund, und der Filz unter mir geht kaputt. Nirgendwo mehr kann ich meinen Kopf anstossen.

Ich bin die Freifrau der Kartause 13 (eine Besenkammer). Die Nummer 13 ist eine gute Zahl, sie wurde nebst der blauen Feder mein Markenzeichen.

Ab und zu bekam ich die Faust ins Gesicht, aber das hält wach. Gott sei Dank bin ich gesund.

Eine meiner bittersten Enttäuschungen war ein schwuler Pfarrer. Er zerstörte meine grosse Liebe. Zum ersten Mal fand ich meine echte Liebe. Der Mann war 26 und ich 64 Jahre alt. Der schwule, katholische Pfarrer hat sich in unser Leben eingemischt. Ich habe die Geschichte in meinem Buch aufgeschrieben: «Judas in Jeans und seine Schattenwerfer ... Prost Vatikan!» Auf der Rückseite des Buches steht:

«... die autorin dora koster (oiseau bleu) malt und schreibt in zürich, paris und unterwegs. kunst und bühne und ihr freundeskreis sind genauso spannend wie ihre bücher und bilder. l'oiseau bleu ist keine friedenstaube, aber ein geprägter eurovogel mit demokratischen ansprüchen. der blaue vogel hat schon manche feder gelassen, aber ihre kunstflüge beherrscht sie noch, unerschrocken ihr volles programm, leben in allen farben. eine eigenwillige, kraftvolle künstlerin.»

Ich bin ein Multitalent. Schreiben, malen, komponieren und musizieren. In einem der Internate wurde mir das Musizieren beigebracht. Ausnahmsweise liess man mich meine Launen ausleben. Statt Mathe zu büffeln, wurde mir von der Heimleiterin Johanna Violine spielen, Noten lesen und Literatur beigebracht.

«'S Örgeli» (Handorgel) ist mein Lieblingsinstrument. Ich kann damit irgendwo in Paris an der Seine sitzen oder unter den Dächern aus Glas, sogar mein Nachtessen verdienen. «'S Örgeli» trägt meine Sehnsucht in die Welt hinaus oder umgekehrt.

«Wenn's rägnät, wenn's strubet, wenn'd truurig bisch,
so setz Dich eifach än Künschtlärtisch.
Wenn's rägnät, wenn's strubet, wenn'd truurig bisch,
so säg doch eifach, was isch.
Mir bruchäd Nachwuchs i öisäm Dörfli,
mir bruchäd Nachwuchs i öisäm Sinn,
denn üsi Altstadt isch das bunti Härz vo Züri
mit vielä Fragezeiche i dä Murä drin.»
(Zu diesem Vers komponierte ich auch die Melodie.)

Das Wort Glaube sollte aus dem Duden gestrichen werden. Nur an sich selbst zu glauben rettet einen vor Enttäuschungen. Die meisten Menschen fürchten sich vor sich selbst. Darum stehen in vielen Stuben oder Hauseingängen verschiedene Götter.

Wenn ich unter denselben Umständen nochmals von vorn beginnen könnte, würde ich ein klassisches Puff eröffnen, mit Wienermusik. Wir haben so viele Kommunikationsfirmen auf der Welt. Aber die eigentlichen und wichtigsten Kongressabschlüsse finden im Bett statt oder beim Jassen.

Ich würde einen Erzählsalon gründen, wo in roten Plüschsesseln kommuniziert, der Sache auf den Grund gegangen wird. Wie Buschfrauen, die Geschichten erzählen und darüber diskutieren. Ohne Militär. – Medizin oder Physik hätte ich gerne studiert. Ein Studium konnte oder wollte damals niemand für mich finanzieren. Alles, was ich aus meinem Leben gemacht habe, bezahlte ich selber. Jeden Bleistift.

Unter einem verschneiten Tannenbaum zu stehen, ohne Menschen, verschafft mir den schönsten Höhepunkt. Feinfühlig und unberührt. Mein Heimweh nach Kristall, Klarheit ist tief verankert in mir. Eine lautere Seele. Und wenn ich mir noch einen Höhepunkt wünschen dürfte, möchte ich einem männlichen Eisbären die Pfote reichen, um mit ihm abzutauchen.

Ich bin ein Nachtmensch. Nachts um zwei Uhr kam ich zur Welt, und jetzt komme ich jeden Tag ein wenig auf die Welt. Wenn ich mich auf diesem Planeten mit seinen Kriegsherren durchhöre, umso mehr werde ich zur Frau. Selbstständiger und unabhängiger. Jedes Mal wenn in den Nachrichten oder im Fernsehen ein Kriegsbeil oder eine Atombombe gezeigt werden, denke ich: «Ach, die armen Frösche und Goldfische im Schlossteich meiner Friedensträume!»

Wir leben in einer Zeit, wo durchschlafen nicht geht. Die einzig Berechtigten könnten die Schlafmützen sein. Oh ja, ich habe mich schon oft schlafend gestellt, und dann war ich am gefährlichsten. Aber gerade dann, wenn man eine Zeit lang nichts von mir hört, werde ich von allen Seiten angepeilt. «Dora, Dora, liebe, sehr geehrte Frau Koster, könnten Sie! ...?» Seit 27 Jahren mache ich *troubleshooting*, meine Erfindung in der Schweiz. Eine Alternative zur Polizei, zur Kripo, zu korrupten Richtern. Wenn mich jemand, der Probleme hat, mitten in der Nacht anruft, gibt es keine «Schmier», keine Vormundschaftsbehörde, keine Drogenfahndung, ich finde immer eine unabhängige Lösung. *Viva la famiglia!* – Alles, was den Staat nichts angeht. Zum Beispiel: Ein Arztzeugnis wird dringend gebraucht oder eine Frau will sich vom Partner trennen. Dann muss ich innerhalb von zwei Stunden alles regeln. Mein Beruf als Troubleshooterin erfordert weder eine gerichtliche Befragung noch eingeschriebene Briefe. Ich wende meine eigenen Methoden an.

Eine Familie im herkömmlichen Sinn käme für mich überhaupt nicht in Frage. Ich ertrage den Gestank nicht, keinen Mann in der Wohnung! Dennoch gehöre ich nicht zu den Schriftstellerinnen, die sich als Lesben outen, um ihr Buch besser verkaufen zu können. Alle meine Bücher sind total ausverkauft, meine Bilder auch. Jetzt bin ich am Javel, ursprünglich ein französisches Putzmittel. Jetzt gebrauche ich Javel im literarischen Eimer und der Putzlappen ist meine Feder.

Von einer Kulturszene halte ich nichts. Ich bin eine Kulturschaffende. Ich sage immer wieder: «Zürich besteht aus vier Wörtern – Vernissage und Beerdigung oder lässig und daneben!» So was reicht mir nicht! Die wirklich Kultur Schaffenden sind selten an gesponserten Gourmetbuffets anzutreffen. Diejenigen, welche in der Wirtschaft tätig sind, bringen das Geld in die Kultur.

Monika Weber hat viel für uns Frauen getan. Für mich ist sie engagierter als Alice Schwarzer. Frau Weber hat mit Anstand mehr erreicht als Frau Schwarzer mit ihrem teilweise männerfeindlichen Gehabe.

Ich bin nicht käuflich, obwohl ich meinen Tee in jeder Botschaft trinke.

Vor meiner jetzigen Kartause 13 steht ein grosser, alter Baum. Für mich als Baumanbeterin genau das Richtige. Meine Freundschaften halten jahrelang, aber in der heutigen Zeit ist es in dieser verkoksten Welt ein Risiko, Freundschaften zu pflegen. Alkohol und Drogendealer zerstören alles, was man mühsam aufbaut. Schmerzhaft, wie liebgewonnene Menschen in ihren Abstürzen den Anstand, überhaupt ihre menschlichen Züge verlieren. Meine besten Freunde sind nach wie vor die Vögel, aber die Luftlinie ist auch da überladen. «Ja, ja, die DC-9 hat der Meise und mir die Lust zum Singen genommen!» Überhaupt, um unseren Planeten zu retten, würde ich mein Leben hergeben. Ich denke sehr Mensch-ab. Statt meiner Hand gebe ich meine Pfote. Wenn ein kleines Kind dazu aufgefordert wird, schön das Händchen zu geben, heisst das, der Erwachsene will sich daran seine schmutzige Tatze reinigen. Um mich vor dem lästigen Händeschütteln zu schützen, trage ich immer einen Schlüsselbund in der Hand.

Ich bereue gar nichts. Ausser vielleicht, dass ich den katholischen, schwulen Pfarrer noch nicht aus der Welt geschafft habe. Ich bin ein paar Zentimeter grösser als Edith Piaf, gut möglich, dass ich doch ein paar Dinge zu bereuen hätte. Zum Beispiel: Der katholische Glaube verfolgte mich viel zu lange. In dem Moment, als ich diese Stickerei-Fetischisten vom Vatikan, all diese Kirchenväter mit ihren Weihrauchgasen und meinen Glauben von mir geschmissen habe, fühlte ich mich befreit. Wie ein Baum, der sich schüttelt, und die faulen Sachen fallen runter. Mit sechzig Jahren lief ich immer noch in Tigerfinken herum. Wer mag sich schon von Butterblumenträumen trennen?

Zu meinem zwanzigsten Geburtstag wünschte ich mir zwanzig Joghurts. Zum Siebzigsten wünschte ich mir nur Seifen. Daran rieche ich lieber als an Menschen. Statt in einem Sarg möchte ich in einer Seifenkiste begraben werden.

Meine elsässische Abstammung hat mir gute Gene verschafft. Ich kann schnell denken. Wenn ich das nicht könnte, wäre ich schon lange tot. Die Gesellschaft ist dermassen degeneriert. Ich bin dankbar für meine Gene. In meiner Familie werden alle sehr alt und wir haben keine Alzheimer-Kranken.

Mich kann nichts mehr erschüttern. Ich bin an einem Punkt angelangt, wo ich mein Wissen geniesse.

Aufgezeichnet von Irène Hubschmid

Paula (*1926)
Krankenschwester und Hebamme

«An einen Partner hätte ich durchaus meine Ansprüche gestellt. Er hätte mich auch geistig füttern müssen.»

Ich wurde 1926 im Toggenburg geboren. Meine Eltern betrieben eine Kolonialwarenhandlung. Ich war die Mittlere von drei Geschwistern. Mein vier Jahre älterer Bruder besuchte das Kollegium in Appenzell. Danach studierte er in Fribourg Theologie. Unser Onkel Alois fand jedoch, mein Bruder solle bei ihm in Küssnacht eine kaufmännische Lehre in der Landwirtschaftlichen Genossenschaft absolvieren. Was er dann auch tat. Mutter hätte zwar gerne einen Pfarrer in der Familie gehabt, aber sie fand sich damit ab. Mir traute Mutter wenig zu und fand immer wieder einen Anlass, mich zu tadeln. Dafür ermutigte mich Onkel Alois, wenn ich bei ihm in den Ferien weilte. Wenn Mutter schimpfte: «Aus dir wird sowieso nichts, du kannst überhaupt nichts richtig», habe ich als Kind sehr gelitten. Immerhin lernte ich dadurch, mich zu behaupten. Es machte mir mehr Spass, mit den Nachbarsbuben zu spielen als mit meiner verwöhnten kleinen Schwester.

Vater hatte nicht viel zu sagen. Er war ein ruhiger, bescheidener Mann. Mutter hingegen war eine selbstbewusste Frau. Sie beschäftigte immer ein Dienstmädchen, wie es damals Mode war. Nach dem Tod von Vaters Bruder übernahm sie die Buchhaltung in seiner Firma. Dabei kam ihr zugute, dass sie als junges Mädchen in einer Bank gearbeitet hatte, als sogenanntes Bankfräulein. Das war um 1920 etwas Rares. Sie hatte früh gelernt, sehr genau zu arbeiten. Sie konnte auch gut singen und war ein geschätztes Mitglied des Kirchenchors.

Nach der Primarschule ging ich für zwei Jahre ins Internat in Wil. Weil ein paar meiner Schulkameradinnen genug von der Schule hatten und nicht in die (fakultative) dritte Sekundar wollten, fasste ich Mut, zu Hause mitzuteilen, ich wolle ebenfalls aus der Schule austreten.

Meine Mutter hatte nichts dagegen und meldete mich für ein Welschlandjahr im Institut St. Agnes in Fribourg an. In einem Haushaltjahr wurde ich darauf vorbereitet, nach meiner Rückkehr zu Hause die Stelle der Dienstmagd zu übernehmen. Der Eintritt in die Klasse für Fremdsprachen war kein Thema, weil ich dafür eine Uniform gebraucht hätte. Das war meinen Eltern zu kostspielig. In der Haushaltabteilung genügten meine bereits vorhandenen Kleider. Den Mädchen standen im Allgemeinen nur wenige Berufe zur Auswahl. Sie absolvierten eine Coiffeuselehre, lernten den Schneiderinnenberuf oder arbeiteten als Hilfskraft im Büro. Die meisten meiner ehemaligen Schulkolleginnen wurden jedoch Dienstmädchen und warteten auf ihren Traumprinzen.

Ganze vier Jahre lang verbrachte ich daheim, bis ich alt genug war, im Bündnerland in die Krankenschwesternschule einzutreten. Die dreijährige Ausbildung beinhaltete neun Monate Schule in Ilanz, ein Jahr Praktikum in der Sanitas in Zürich, ein Jahr im Kantonsspital Münsterlingen am Bodensee und am Schluss nochmals drei Monate Schule in Ilanz. Das Schulgeld betrug insgesamt 800 Franken. Während der Ausbildung erhielten wir Kost und Logis und für die Dauer des Praktikums anfänglich 20 und am Schluss der Ausbildung 50 Franken pro Monat. Mit diesem Lohn kamen wir gut zurecht. Unsere Wäsche wurde im Spital besorgt. Zum Geldausgeben hatten wir keine Zeit, doch es fehlte mir an nichts. Ich war zufrieden und liebte meine Arbeit.

Meinen weiteren Werdegang besprach Mutter mit der Oberin in Wil. Diese meinte, ich solle fürs Erste eine Stelle im Jüdischen Spital in Basel antreten. Dort sähe ich etwas, was es bei uns nicht gäbe, und könne dazulernen.

Nach einem halben Jahr in Basel wechselte ich als 24-Jährige ins Bellevue-Sanatorium in Montana. Diese 300-Betten-Klinik war ein in ein Spital umfunktioniertes Hotel. Während der Kriegsjahre gab es in der Schweiz sehr viele Tuberkulose-Patienten. Etwa jeder vierte Schweizer war davon betroffen. Es wurden mehr Spitäler als Hotelzimmer benötigt. Viele Menschen starben an Lungenentzündung. Dank Penizillin, Streptomizin und weiteren neuen, wirksamen Medikamenten konnten manche langjährige Patienten geheilt werden. Neu war auch die chirurgische Rippenverkleinerung. Die Chirurgen sägten ein Stück heraus und nahmen eine Thorakoplastik vor, damit die Lunge geschont wurde. Oder die Lunge wurde bis zur Hälfte entfernt.

Ich erkrankte ebenfalls an Tuberkulose und fiel für mehrere Monate aus. Im Gegensatz zu vielen meiner Mitmenschen war ich seit 1939 in einer Krankenkasse versichert, zu jener Zeit noch nicht obligatorisch geregelt. Während meiner Genesung bastelte ich Spielsachen: Tierchen aus farbiger Lackfolie, die mit einer Watte gefüllt wurden. Meine Schwester, als Bankschalterangestellte, verkaufte sie für ein paar Franken an ihrem Arbeitsplatz.

In meinem Beruf galt es immer wieder neue Dinge dazuzulernen. Grosse Veränderungen passierten auch beim Sterilisieren. Am Anfang meiner Laufbahn mussten wir alle Instrumente einlegen und etwa zwanzig Minuten lang auskochen. Die ausgekochten Spritzen wurden in ein Tuch eingeschlagen, auf dem Fenstersims vor den Patientenzimmern zwischengelagert und den ganzen Tag wieder verwendet. Später kamen für die Sterilisierung die Heissluft- und andere Methoden dazu.

In Wartezeiten oder wenn es für uns Schwestern nicht viel zu tun gab, durfte man nicht einfach die Hände in den Schoss legen, sondern musste Füllarbeiten verrichten. Beispielsweise während der Nachtwache Gazen und Tupfer zuschneiden. Wir wurden überall eingesetzt, wo es nötig war. Erst später gab es Möglichkeiten, sich in unserem Beruf zu spezialisieren. Heute gibt es Operationsschwestern, Nierenschwestern, Pflegeschwestern und auch Sterilisationsschwestern etc.

Meine erste Auslandreise führte nach Italien. Mit einer 40-jährigen Kollegin reiste ich nach Neapel. Im Namen unserer Oberschwester überbrachten wir dem dortigen Ospedale Internazionale Grüsse unserer Vorgesetzten, die dort einmal gearbeitet hatten. Der Schweizer Chefarzt beschäftigte viel Personal aus seiner Heimat. Er bat mich, gleich dazubleiben. «Nein, ich muss wieder zurück», gab ich ihm zur Antwort, vor unserer Weiterreise nach Capri und Rom. Aber er schrieb der Oberschwester in Zürich, sie solle mich schicken. So einfach ging das. Ich kehrte für ein ganzes Jahr nach Neapel zurück. Bald realisierte ich, dass ich unbedingt weitere Sprachen lernen musste, um beruflich vorwärts zu kommen.

Nach dem populären Welschlandjahr war für junge Frauen das Englandjahr in Mode gekommen. Absolventinnen einer anerkannten Schweizer Schwesternschule waren im Ausland sehr begehrt. Sie bedeuteten eine Art Crème de la Crème der Krankenschwestern und hatten den Ruf, nicht nur acht Stunden pro Tag, sondern viel mehr zu arbeiten. Bald fand ich eine Anstellung in Whiteley Village. Die Sprache lernte ich vor allem im Umgang mit den Patienten. Ich leistete mir nur ein paar private Englischstunden. Mein Sprachtalent schien ebenso ausgeprägt wie mein gutes Musikgehör.

In England reifte mein Plan, nach Ägypten zu gehen. Seit ich im Hafen von Neapel die Schiffe aus aller Welt beobachtet hatte, träumte ich davon, den Spuren der Pharaonen nachzugehen, wie es in Büchern und Schriften über die Göttergräber und Gelehrten beschrieben war. Per Zufall lernte ich eine Schweizerin kennen, die mit einem Ägypter verheiratet war. Sie erzählte mir vom Victoria Hospital in Kairo, das von Berner Diakonissinnen geführt wurde. Dort bewarb ich mich und wurde engagiert. Leider war das Kontingent für eine Ausreise von England aus bereits ausgeschöpft. Ich musste wieder zurück in die Schweiz, um von da einen weiteren Anlauf zu starten.

Die Zeit des Wartens auf mein Visum verbrachte ich als Krankenschwester im Zürcher Waidspital. Um die 30 Rappen Fahrgeld zu sparen, legte ich an meinen freien Tagen den Weg vom Spital bis zum Bahnhof oft zu Fuss zurück. Wenn die Arbeit abends bis 8, halb 9 Uhr dauerte, weil es einem Patienten schlecht ging und man bei ihm ausharrte, bis er gestorben war, hatte man weder Lust noch Zeit, nach der Arbeit auszugehen.

Nach sechs Monaten war es endlich so weit: Ich hatte mein Visum, ein Schiffsticket, welches mir die Diakonissinnen geschickt hatten, und einen Zweijahresvertrag in der Tasche. Im Victoria Hospital, einem Privatspital mit etwa fünfzig Patienten, gab es eine Schweizer Oberschwester sowie weitere sechs Krankenschwestern aus meiner Heimat. Sogar der Buchhalter war ein Schweizer. Zu Tisch wurde Schweizerdeutsch gesprochen. Ich fühlte mich sofort zu Hause.

Ein paar schwarze Diener waren mir unterstellt. An Achmed, den Gescheitesten unter ihnen, sowie an Mohammed und Said erinnere ich mich noch sehr gut. Araberinnen durften aus religiösen Gründen nicht bei uns arbeiten. Sie mussten sich um die Familie kümmern. Kurz nach meiner Ankunft beobachtete ich, wie die drei Burschen und drei armenische Mädchen aus meiner Abteilung Patientenessen zum Verteilen bereitmachten. Poulet, Reis, Salat und Ananas. Es galt als üblich, dass die Bediensteten die Resten der Patienten assen, wenn alle bedient waren, oder das Essen derjenigen Patienten erhielten, die auf das Essen verzichteten. Die jungen Leute sassen auf dem Balkon, bedienten sich aus einem grossen Metallgefäss und schienen sich gut zu amüsieren. Als die Patienten eintrafen, war nichts mehr von dem abgeladenen Poulet da. Ich ging der Sache nach und fand heraus, dass Achmed und seine Kollegen das gute Fleisch zuvor im immer übrig bleibenden Reis versteckt hatten. Er sprach von einem Missverständnis, das wegen sprachlicher Differenzen zustande gekommen sei. Mit dieser Ausrede begnügte ich mich nicht und bestand darauf, dass er mir ab sofort Arabisch beibringen müsse, um künftigen Missverständnissen vorzubeugen. Was ich damals noch nicht wusste: Er lehrte mir seinen eigenen Dialekt, einen, in welchem sehr viele altmodische Wörter vorkamen, die nur in Achmeds Quartier gesprochen wurden! Trotzdem hat mir dieser Sprachunterricht später viel geholfen.

Während meiner zwei Jahre in Kairo arbeitete ich nicht nur in der Krankenpflege, sondern musste oft als Hebamme einspringen, wenn sich der zuständige Arzt nicht im Spital aufhielt. Dabei hatte ich keine Ausbildung als Geburtshelferin und oft ein schlechtes Gewissen den Patientinnen gegenüber. Zu jener Zeit arbeiteten viele Ingenieure und andere Fachleute von Schweizer Firmen in Ägypten. Sie bauten Brücken und Fabriken. Ihre Frauen vertrauten unserem Spital mit dem Personal aus ihrer Heimat. Einer meiner Chefs, ein Engländer – er war auch Leibarzt von Aga Khan –, verschwand oft von der Bildfläche und hinterliess nur ein paar Telefonnummern. Wir Schwestern telefonierten oft erfolglos hinter ihm her bis zur letzten Nummer – derjenigen seiner Freundin! Ich entschied, nach meiner Rückkehr die Hebammenschule in Genf nachzuholen. Als gelernte Krankenschwester musste man dafür eine Ausbildungszeit von einem Jahr anhängen.

Zwei Jahre nach der Ausbildung hatte ich Gelegenheit, unter anderen mit dem berühmten Professor de Wattewil zusammenzuarbeiten. Der ging in die Medizin-Geschichte ein, weil er den Kinderwunsch von vielen Prominenten erfüllen konnte. Zu seinen bekanntesten Patientinnen gehörte die Filmschauspielerin Sofia Loren, der er dazu verhalf, zwei Söhne zur Welt zu bringen. Die Bilder der strahlenden Mutter im Spitalbett gingen um die Welt. Nebst den positiven Geschichten mit Prominenten gab es solche mit weniger glücklichem Ausgang. Ich erinnere mich an eine junge Amerikanerin, die in einer alkoholreichen Nacht vom Freund ihrer Freundin geschwängert wurde und ihr Kind nun klammheimlich in Genf zur Welt brachte. Sie gab es gleich danach zur Adoption frei, um es vor ihrem Bräutigam zu verheimlichen. Noch in der Klinik schrieb sie ihrem Verlobten einen Brief, aber ohne wahren Sachverhalt und bemerkte mir gegenüber: «Wenn der wüsste, woher er diesen Brief bekommt …!» Erst Jahre später, als sie längst verheiratet war, habe sie dem Ahnungslosen ihren Fehltritt gestanden, wurde mir zugetragen. Ironie des Schicksals? Ihr Mann hätte dieses Kind akzeptiert, denn er konnte selber keine Kinder zeugen!

In dieser internationalen Klinik waren fremdsprachenkundige Schwestern sehr gefragt. Mit meinen Sprachen, vor allem mit dem Arabisch, wurde ich gerne eingesetzt, lernte dabei interessante Leute kennen und hörte allerlei spannende Geschichten aus der grossen weiten Welt. Manchmal ereigneten sich – aus heutiger Sicht – seltsame Dinge. Stand etwas Neues, Interessantes oder Ungewöhnliches an, wurden wir Schwestern zusammen mit den Medizinstudenten weitergebildet. Eine Frau wurde bei uns eingeliefert. Sie behauptete schwanger zu sein, obwohl es medizinisch dafür keinen Nachweis gab. Sie hatte einen dicken Bauch und wurde im Bett den Studenten vorgeführt. Auf der Wandtafel stand «Scheinschwangerschaft» und ein paar Studenten mussten sie untersuchen. Plötzlich stand die Patientin auf und floh in ihrem Spitalhemd aus dem Zimmer.

Einmal war ich bei einer Geburt dabei, als ein Kind mit nicht eindeutigen Geschlechtsmerkmalen zur Welt kam. Unter 2000 bis 3000 Fällen kommt so etwas vor. Das Kind sah eher nach einem Mädchen aus, war aber doch kein richtiges Mädchen. Man brachte es sofort in die Pouponnière mit der Anweisung, die Mutter müsse ihm einen Namen geben, der beiden Geschlechtern angepasst werden könne, wie Paul-Paulette, Joseph-Josephine etc. Damals gab es noch keine Möglichkeit, mit Hormonbehandlungen einzugreifen. Meistens bestimmten die Eltern, welches Geschlecht man dem Kind liess. Eine sehr schwierige und folgenreiche Entscheidung. Oft entsprach es ihrem eigenen Wunsch und nicht der Natur des Kindes.

Im Jahre 1961, als ich 35 Jahre alt war, zog es mich weiter. Ich lernte einen jungen Mann kennen, der mich manchmal mit seinem Motorrad auf einen Ausflug mitnahm. So fuhren wir einmal über den Brünig ins Wallis. In Zermatt trafen wir meine ehemalige Arbeitskollegin Margrith, die dort arbeitete. Sie lud uns ein, bei ihr in Täsch zu übernachten. Mit meinem Begleiter fuhr ich am nächsten Tag weiter zur Täschalp. Ich hatte im Schwesternheftchen gelesen, dass für die Baustelle der Staumauer Grande Dixence eine Krankenschwester gesucht wurde. Für die medizinische Betreuung von 300 italienischen Bauarbeitern in einem Barackendorf zu arbeiten interessierte mich. Ich packte die Herausforderung. Durch meine täglichen Sprechstunden mit den Arbeitern verschaffte ich mir Respekt. Ich erledigte die Korrespondenz und kümmerte mich um die Reklamationen, die mir mein Chef aufgetragen hatte. Zu meinen Aufgaben gehörte auch, die Abrechnungen des Gletscherpiloten Hermann Geiger zu überprüfen, Medikamente zu organisieren etc. Für den Besuch der zweiten Baustelle musste ich oft mit einem Baustellenfahrzeug durch einen Tunnel fahren. Ich war für die Erste Hilfe zuständig und erledigte Routinearbeiten. Für die schlimmeren Fälle und Unfälle konnte ich den Arzt zuziehen. Eines Tages geriet ein Arbeiter mit einem Bein in eine Baumaschine, und Teile seines Beins wurden in Scheiben geschnitten. Dies geschah an einem Tag mit starkem Schneefall, was den Transport ins nächste Spital fast verunmöglichte. Leider musste dem jungen Mann das Bein amputiert werden.

Nach diesem lehrreichen Jahr an dem abgelegenen Ort entdeckte ich ein Stelleninserat für eine Hebamme/Krankenschwester in einer Klinik in Guadeloupe. Ich wollte schon lange gerne in einem exotischen Land arbeiten. Deshalb ging ich bei den Sœur Hospitalières in Sion vorbei, traf dort die verantwortliche Oberin, eine Nonne, die für die Personalrekrutierung aus Guadeloupe in die Schweiz gekommen war. Als ich meine Bewerbung vortrug, rief sie aus: «Oh, le Bon Dieu nous a aidé …!» Ich sei die Erste und Einzige, die sich auf die zwei

Inserate hin gemeldet habe. Nächste Woche fahre sie zurück, doch sie wisse, dass ich die Richtige sei. Wenn sie Ja sage, würde der Chef in Paris das auch gutheissen. Zeugnisse brauche ich keine einzureichen. Ich kannte niemanden, der schon mal dort gewesen war. Doch bald darauf bestieg ich das Schiff nach Guadeloupe. Bis ich mein Ziel erreicht hatte, vergingen elf Tage. In der von einem Franzosen geführten Klinik in St. Claude arbeiteten neben Schweizer Nonnen auch einige andere Landsmänninnen. Ich wurde überall eingesetzt, wo ich gebraucht wurde. Der Arzt war ein ungeduldiger Mensch. Vermutlich ist dadurch auch einmal ein Kind mehr gestorben ... Es gab mehr reiche weisse Patienten als arme schwarze. Das Spital konnte etwa fünfzig Patienten aufnehmen und behandelte auch viele Patienten ambulant. Es kam mir zugute, dass ich einen Führerschein besass. Mein Chef kaufte jeder von uns Schwestern ein Auto. Jeden Monat wurde mir dafür etwas vom Lohn abgezogen. Das Auto brauchte ich in erster Linie dafür, Patienten nach Hause zu fahren, teilweise in abgelegene Dörfer der Insel. So sah ich, woher sie kamen und wie sie lebten, und lernte Land und Leute besser kennen.

Unser Chef war ein richtiges Schlitzohr. Wenn ein Patient ihm bei der Visite sagte, er wolle gerne nach Hause, entschied er willkürlich: «Nein, das geht nicht, du bist noch viel zu krank.» Sobald aber unverhofft wichtige Patienten eintrafen, änderte er seine Meinung und erklärte Patienten, die er loswerden wollte: «Es wurde soeben einer eingeliefert, der noch kränker ist als du. Deshalb kannst du nun nach Hause.»

In einem Krankensaal lagen einmal drei Mädchen, deren Familien viel untereinander geheiratet hatten. Etliche Abnormalitäten, wie Klumpfüsschen, die für ein paar Wochen eingegipst wurden, mussten behandelt werden. Die bettlägerigen Frauen waren sehr kinderliebend. Wann immer ich ein Kind auf dem Arm in den Saal brachte und fragte: «Qui veut celle-là?», meldete sich eine. Sie pflegten ihre Kinder sehr gut und wir hatten nicht viel mit ihnen zu tun. Trotzdem hätte ich ohne Weiteres eines der Kinder adoptieren können. Heute bin ich froh, dass ich es nicht getan habe.

Am Anfang meines Aufenthaltes in Guadeloupe musste ich oft Augen und Ohren aufsperren. Unglaublich, was ich in meinem Alltag in diesem fremden Land alles erlebte! Einmal betreuten wir eine schwangere Mutter und ihre ebenfalls schwangere 13-jährige Tochter im gleichen Zimmer. Die Tochter verlor ihr Baby, und ich versuchte sie zu trösten. Sie erzählte, dass sie sechs Geschwister von vier verschiedenen Vätern habe. Als die Tochter nach Hause gehen konnte, fragte ich die Mutter, ob sie ihren Mann nun in die Wüste schicke. Sie antwortete: «Et qui m'achetera du lait?» Dass die Kinder verschiedene Väter hatten, hat ihr anscheinend nichts ausgemacht.

In besonderer Erinnerung bleibt mir eine chronische Patientin. Sie hatte 19 Kinder zur Welt gebracht. Als sie erneut schwanger war, fragte ich sie routinemässig, wann sie das letzte Mal ihre Periode gehabt hätte. Sie wusste nicht, wovon ich sprach. Auch als ich wissen wollte, wann sie überhaupt zum ersten Mal Blut bei sich gesehen habe, verstand sie immer noch nichts. Offenbar war sie seit Beginn ihrer Geschlechtsreife bis zu ihrem vierzigsten Altersjahr, inklusive aller Fehlgeburten, ständig schwanger gewesen!

Eine brandschwarze Frau, die meine von der Sonne gebräunten Arme betrachtete, sagte zu mir: «Meine Kinder sind schöner als du, viel weisser!» Ich wollte wissen: «Ist dein Mann denn nicht so schwarz wie du?» Sie antwortete: «Ja, aber der ist ganz hässlich und schwarz. Meine drei Kinder sind von einem Franzosen.» «Und wo ist der?», fragte ich. «Er hat meine Adresse verloren!», gab sie mir zu verstehen. Ich konnte es nicht fassen: Der Franzose hat dort seine Kolonialzeit abverdient und sich dann verabschiedet. Die schwarze, verlassene Frau hatte Freude an ihren drei hellhäutigen Kindern! Da macht man heute ein Theater bei uns, wenn eine 13-Jährige Mutter wird. In anderen Ländern kommt das jeden Tag vor ... Nur mit dem Unterschied, dass keine Pressekonferenz veranstaltet wird und der Teenager-Vater keinen Vaterschaftstest machen lässt.

Nach meiner Zeit in der Karibik fand ich wieder Arbeit im Waidspital. Es war mir klar, dass ich nun zu Hause gebraucht wurde, von meiner eigenen Familie. Als meine Mutter krank wurde, konnte ich sie in diesem Spital pflegen, bis sie anno 1969 starb. Die nächsten sieben Jahre arbeitete ich im Spital Wil. Mein Vater starb im Jahre 1981.

Die letzten zehn Jahre meines Berufslebens verbrachte ich in Frauenfeld. Inzwischen war ich in mein Elternhaus gezogen. Vorher hatte ich nie eine eigene Wohnung bewohnt, sondern war stets in möblierten Zimmern untergekommen. Das Leben habe ich bewusst so gewählt. Für ein Privatleben blieb wenig Zeit. Ich habe mich stets bemüht, dass die Mitmenschen mich mochten, und ich habe hart gearbeitet. Dafür erhielt ich viele positive Rückmeldungen von den Patientinnen und Kollegen.

Sechs Jahre vor der Pensionierung verbrachte ich Wanderferien in Mallorca. Das gefiel mir ausnehmend gut. Das Hotel gehörte einem Schweizer. Ich besprach mit ihm die Möglichkeit eines Angebots, vormittags in seinem Hotel Gespräche über gesunde Ernährung, Methode FDH (Friss die Hälfte) durchzuführen, verbunden mit Wanderungen am Nachmittag. Auf den Ernährungsteil wollte er nicht eintreten, das habe er bereits erfolglos ausprobiert. Aber er engagierte mich als Teilzeit-Wanderleiterin. Während etwa fünf Jahren verbrachte ich jeweils zehn Wochen auf Mallorca und zeigte meist Schweizer Touristen die Insel. Mein Spanisch, das ich in einem Kurs gelernt hatte, brauchte ich nicht. Es sprachen ohnehin fast alle Hoch- oder Schweizerdeutsch. Das war eine interessante Zeit. Viele meiner Kolleginnen nahmen sich in jenen Jahren eine Auszeit. Ich verzichtete darauf, verwendete jedoch meine Ferien und Überstunden für meinen Zweitjob. Es war ein guter Ausgleich: Auf Mallorca arbeitete ich mit Gesunden und traf immer wieder gute Leute. Die übrige Zeit widmete ich weiterhin den Kranken in Frauenfeld. Mein Ziel war stets Pflichterfüllung und die Zufriedenheit der Patienten. Es war kein Opfer, sondern ich arbeitete immer gerne. Zu meiner Zeit gab es noch keine Computer. Alle Daten, Medikamente etc. mussten auf Papier festgehalten werden. Heute gibt es viel mehr Administration zu erledigen.

Nach meiner Pensionierung mit 62 besuchte ich vorerst alle Bekannten und Verwandten, die ich oft vernachlässigt hatte, als ich beruflich eingespannt war. Danach wäre ich eigentlich frei gewesen. Aber ich war mir meiner Freiheit nicht richtig bewusst. Ich hatte ja auch noch mein von den Eltern inzwischen geerbtes Haus, um das ich mich kümmern musste. Nachdem es mir ohne Arbeit langweilig wurde, bereiste ich als Gruppentouristin Nordafrika (Marokko, Tunesien und Ägypten) und kaufte mir ein SBB-Generalabonnement.

Ich scheine keine schlechte Chefin gewesen zu sein, bis heute melden sich ehemalige Mitarbeiter, die mit mir verreisen wollen. Meine Kolleginnen waren für mich eine Art Ersatzfamilie. Ich hatte ein erfülltes Leben. Nie die Einbildung, ich hätte ein spezielles Dasein geführt. Es ergab sich immer wieder eine Möglichkeit, die auf meiner Linie lag. Ich hielt Augen und Ohren offen und probierte aus, was mir gefiel. Auch hatte ich das Glück, «herumgereicht» zu werden und einiges von der Welt zu sehen. Andere in meinem Alter waren nicht so viel unterwegs.

Lange habe ich darunter gelitten, dass ich in meiner Kindheit immer der Sündenbock für meine Schwester war. Sie stand jeweils daneben, aber sagte nie ein Wort. Heute bin ich froh, dass ich nicht meine Schwester bin. Früher konnte ich über vieles nicht reden. Der zeitweilige Aufenthalt meiner Mutter in der Psychiatrie war für mich ein Tabuthema, so auch, dass ich eine Tante hatte, die aus dem Kloster ausgetreten ist und geheiratet hat.

Als Kind habe ich Klavier spielen gelernt. Der Musikunterricht war gratis in unserer Gemeinde. Ich habe immer gerne gesungen und war lange Mitglied des Kirchenchors. Das hat mir sehr gut getan. Für andere Hobbys blieb keine Zeit. Vor vier Jahren hatte ich einen Unfall, vermutlich wegen eines Schlaganfalls. Da war ich nebst einem früheren Spitalaufenthalt wegen Blinddarm zum ersten Mal selber Patientin.

Heute wohne ich in einem Altershochhaus, pflege noch immer guten Kontakt zu ehemaligen Kolleginnen und hoffe, dass ich noch lange Ausflüge im In- und Ausland unternehmen kann.

Was die Ehe angeht, bin ich eine Realistin. Ich habe in meinem Single-Dasein viel beobachtet. Für mich war es nie ein grosses Thema, in einer Partnerschaft zu leben. Die Erfüllung fand ich in der Liebe zu meinem Beruf. An einen Partner hätte ich durchaus meine Ansprüche gestellt. Er hätte mich auch geistig füttern müssen. Nun nehme ich das geistige Futter halt einfach dort, wo ich es finde. Ich bin überzeugt davon, dass ein Tag, an dem man nichts dazulernt, ein verlorener Tag ist.

Aufgezeichnet von Lucette Achermann

Heidy (*1957)
Autoren

*«Er war ein Bergler mit verstrubbelten blonden Locken und
leuchtend blauen Augen. Ich liebte die Art, wie er sich
bewegte. Nie hatte ich jemanden so gehen sehen, so leicht
und doch voller Kraft...»*

Als ich so klein war, dass ich ab und zu im hohen Gras verloren ging, band mir meine Mutter eine Ziegenglocke um den Hals. Ich liebte es, im hohen Gras zu liegen, dem Summen der Bienen zuzuhören, den Grillen. Ich schwamm in einem Meer von Zeit. Vater und Mutter hatten auf dem kleinen Bergbauernhof ständig zu tun. Sie hatten keine Zeit, sich dauernd um mich zu kümmern. Es reichte, wenn ich bei den Mahlzeiten anwesend war und mich vor der Dämmerung daheim wieder einfand. Wenn ich in den Bach gefallen war, bekam ich frische Kleider, und meine Gummistiefel wurden über einen Zaunpfahl gesteckt, damit sie wieder trocken wurden. Schrammen und blaue Flecken gehörten zum normalen Alltag. Ich hatte eine paradiesische Umgebung zur Verfügung. Ganz in der Nähe lagen der Wald und daneben der Wasserfall. Der Bach sammelte sich immer wieder in kleinen Teichen. Ich kannte beinahe jeden Stein und wusste, wo ich gefahrlos über den Bach klettern konnte. Auch der See lag in unmittelbarer Nähe.

Meine Mutter stammte aus der Steiermark und war nach dem Krieg als Magd in die Schweiz gekommen. Sie war klein und unglaublich fleissig. Meistens arbeitete sie doppelt so schnell wie mein Vater, der dafür viel grösser und ausserordentlich kräftig war. Ich hatte einen Halbbruder, der Helmut hiess und 13 Jahre älter war als ich. Er war kurz nach meiner Geburt in die Schweiz gekommen und wieder gegangen, als ich vier Jahre alt war. Diesen Bruder vermisste ich schmerzhaft. Er hatte Zeit für mich gehabt. Nie werde ich den

Ast voll wilder Kirschen vergessen, den er hoch oben im Baum für mich gepflückt hat.

Zum Glück gab es ein Nachbarmädchen, mit dem ich spielen konnte. Sie war ein Jahr jünger als ich. Zusammen jagten wir den Kälbern und Ziegen nach, versuchten die Hühner zu fangen oder veranstalteten kleine Schneckenrennen. Wir wussten genau, wann welche wilden Blumen blühten, Beeren und Nüsse reif waren. Die Schulzeit beendete unsere wilden Tage. Von da an lernte ich das Abc und Disziplin. Ich liebte die Schule und war sehr wissbegierig, was mich bei meinen Mitschülern nicht gerade beliebt machte. Doch ich konnte meine Begeisterung nicht zügeln, als ich das Lesen entdeckte. Von da an versank ich oft in einer anderen Welt und lieh mir jedes Buch aus, welches in der Schulbibliothek zu haben war. Leider war diese viel zu früh ausgelesen. Danach lieh ich Bücher von meinen Schulkameradinnen aus. Doch Bücher waren rar. Sie kosteten ziemlich viel. Als Weihnachts- und als Geburtstagsgeschenk bekam ich jeweils eines. Zum Glück hatten wir schon damals Feriengäste, welche im Sommer unser Haus bewohnten. Dann zog ich mit meinen Eltern und viel Hausrat aufs Maiensäss, wo wir die Bergwiesen heuten. Diese Gäste kamen jedes Jahr wieder und wurden zu Freunden der Familie. Manche von ihnen schickten mir Bücherpakete zu Weihnachten. Ich kann gar nicht sagen, wie sehr ich mich darüber freute. Viele dieser Bücher besitze ich heute noch. Wenn ich sie aufschlage, spüre ich ein wenig die Seligkeit von damals.

Meine Mutter liess mich lesen und trieb mich nicht zur Arbeit an, wie es bei vielen Bauernfamilien üblich war. Sie hatte als Kind viel zu hart arbeiten müssen und wollte mir das ersparen. Jeden Herbst fuhren wir zusammen zu meiner Grossmutter und dem Bruder in der Steiermark. Mutter hatte mir ihre Sprache beigebracht. Oft sangen wir zusammen Lieder aus ihrer Heimat. Sie hatte eine wunderschöne Stimme und vergass alles um sich, wenn sie sang. Dann spürte ich manchmal, dass sie Heimweh hatte. In mir waren beide Welten, die hügelige Steiermark und das Bergdorf meines Vaters. Meine Mutter blieb immer etwas fremd und konnte es nicht verzeihen, dass manche im katholischen Dorf sie als minderwertig betrachteten. Schliesslich war sie eine Geschiedene und dazu noch eine Ausländerin.

Ihre Fremdheit übertrug sich auf mich. Ich hatte wenig Freunde in der Schule und war ein scheues Kind. Doch ich mochte die Kinder der Feriengäste und spielte oft mit ihnen, wenn wir vom Berggut zurückgekehrt waren. Dann wohnten wir improvisiert im Stöckli neben unserem Haus. Die «Fremden», wie wir die Feriengäste nannten, brachten neue Spiele und Ideen mit. Ich begann zu ahnen, dass es eine grosse Welt ausserhalb meines kleinen, abgeschlossenen Dorfes gab. Lungern ist ringsherum von Bergen umgeben und in der Mitte liegt der See. Nur auf einer Seite ist das Tal offen, und dort gelangt man in die tiefer gelegenen Dörfer des Kantons Obwalden. Wir fuhren selten dorthin. Viele meiner Kleider schneiderte meine Mutter selbst. Sie strickte für mich, und «neue» Kleider gab es meistens vom Brockenmarkt in Meiringen. Zweimal jährlich gab es dort einen grossen Verkauf in einer Halle des Schulhauses. Es war die reine Seligkeit, denn dort fand ich Bücher, die nicht viel kosteten.

Die idyllische Kindheit fand ein jähes Ende, als mein Vater mitten im Sommer an einem geplatzten Blinddarm starb. Ich war elf Jahre alt und begriff im ersten Moment nicht, was da geschehen war. Doch ich spürte die Angst meiner Mutter, welche allein mit einem Bauernhof dastand, und das in der arbeitsreichsten Zeit. Zum Glück half ihr ein guter Nachbar, das Vieh und die Maschinen zu verkaufen. Ich weinte, als meine geliebten Ziegen fortgetrieben wurden. Von da an bewirtschafteten Pächter unseren Hof. Meine Mutter baute das kleine Stöckli so aus, dass wir ganzjährig darin wohnen konnten. Das Bauernhaus wurde dadurch frei für Feriengäste, welche auch in der Nebensaison zu uns kamen. Dank einer verkauften Wiese konnte sich meine Mutter finanziell über Wasser halten.

Wenn ich an diese Zeit denke, sehe ich ein einsames, etwas verunsichertes Kind. Manchmal sass ich ganz allein am Waldrand. Da war nichts als Leere und ein bisschen Wind, hoch oben in den Ahornbäumen ein einsames Blätterflüstern. Ich getraute mich nicht ans Gymnasium zu gehen, obwohl ich gute Schulnoten hatte. In jener Zeit brauchte ich die Sicherheit einer Umgebung, welche ich kannte. Ich war in kurzer Zeit gross geworden und fühlte mich fremd in meinem Körper. Alle anderen kamen mir attraktiv und selbstsicher vor. Die Religion, welche mir als Kind ein Stück Heimat gewesen war, fiel auf einmal von mir ab. Ich stellte vieles in Frage, was vorher noch selbstverständlich gewesen war. Nach der Sekundarschule schickte mich meine Mutter ins Französischpensionat nach Tafers. Es war ein schwieriges Jahr mitten unter pubertierenden Mädchen, die zum Teil Haschisch rauchten oder LSD konsumierten. Einmal mehr gehörte ich nirgends richtig dazu.

Ich musste mich für einen Beruf entscheiden und wählte medizinische Praxisassistentin, weil mich Medizin faszinierte. Bibliothekarin wäre ich auch gern geworden. Doch ich fand keine Ausbildungsstelle. Ein paar Monate arbeitete ich in einem Spital als Schwesternhilfe, um mir bis zum Schulbeginn etwas Taschengeld zu verdienen. Die Arbeit war ziemlich hart. Viele alte und sterbende Leute lagen auf der Station. Ich wusch sie, half ihnen beim Essen, machte Betten, leerte Nachttöpfe und sass in meiner Freizeit allein auf einer Bank am Waldrand. Mit meiner Zimmerkameradin verstand ich mich jedoch gut. Manchmal gingen wir zusammen an Konzerte und trafen uns mit unbeholfenen, jungen Männern.

Die Arztgehilfinnenschule in Luzern machte mir Spass. Ich war so froh, wieder lernen zu dürfen. Anfänglich bewohnte ich ein Zimmer in einem Heim für christliche junge Mädchen, welches meine Mutter für mich ausgesucht hatte. Dort kam ich mir vor wie im Gefängnis. Zum Glück fand sich bald ein Logis bei einer alten Sprachlehrerin, welche unglaublich chaotisch war. Oft suchten wir gemeinsam nach ihrem verlorenen Gebiss, welches sie ständig verlegte. Doch sie war klug und belesen. Wir mochten uns gern. Meine Schulfreundin Esther und ich kochten in ihrer Küche unser Mittagessen, welches immer sehr bescheiden war, meistens Fleischkäse mit brauner Sauce. Esther war temperamentvoll und hübsch. Sie riss mich mit ihrer Fröhlichkeit mit, schleppte mich an Partys und überredete mich, endlich ein bisschen zu flirten. Ich probierte es. Aber meistens interessierten sich die Falschen für mich, welche viel zu langweilig waren. Die attraktiven Jungs umschwärmten immer Esther, was mich oft etwas zornig machte. In den Sommerferien reisten meine Freundin und ich mit Interrail durch halb Europa. Wir zelteten in Norwegen und Finnland, schlossen Freundschaften und waren als kleine, internationale Gruppe unterwegs, welche viel Spass zusammen hatte.

Nach der Schule folgte ein Jahr Praktikum. Die Stellen waren rar, und so fand ich mich zuletzt bei einem Venenspezialisten in einer sehr altmodischen Praxis. Das genügte nicht für alle Bereiche, die ich hätte lernen sollen. Kurz nach meinem zwanzigsten Geburtstag entschloss ich mich zu einer Zwischenzeit in England, um dort die Sprache zu lernen. Danach würde sich sicher etwas finden, um die Ausbildung abzuschliessen. Im Küstenstädtchen Bournemouth wimmelte es von jungen Sprachstudenten aus aller Welt. Ich war fasziniert und begeistert. Bis in alle Nacht sass ich im Pub mit Kolleginnen und Kollegen zusammen. Manche stammten aus Mexiko, andere aus Japan, Deutschland oder Italien. Sie erzählten von ihrer Heimat, ihren Plänen und Träumen. Manchmal schrieb ich Gedichte oder Kurzgeschichten, um meiner eigenen Sprache nahe zu kommen.

Am Strand traf ich Necdet aus der Türkei, welcher mein Freund wurde. Er hatte sein Medizinstudium bereits abgeschlossen und war fest entschlossen, es im Leben zu etwas zu bringen. Er wollte Chirurg werden. Englisch sah er als Türöffner zu Amerika, wo bereits sein Bruder lebte. Necdet begeisterte sich für die Lehren Rudolf Steiners und erzählte mir viel über Anthroposophie. Wir lernten gemeinsam und machten schnelle Fortschritte. Dank ihm konnte ich immer wieder Klassen überspringen. Ich bezog das Zimmer gleich neben ihm. In den Nächten schlich er in mein Zimmer. Wir liebten uns möglichst leise, damit der gestrenge Landlord nichts mitbekam. Es war schwer, von Necdet Abschied zu nehmen, als unsere Zeit in England vorbei war. Bald danach wurde er zum Militärdienst eingezogen, und ich hörte nie mehr etwas von ihm.

Mein Praktikum konnte ich im Spital Meiringen weiterführen. Dort arbeitete ich im Labor und im Röntgen. Schon nach Kurzem leistete ich Pikettdienst. Ich hatte grossen Respekt davor, doch zum Glück ging alles gut. Erfahrene Kolleginnen standen im Hintergrund und halfen mir, wenn ich nicht weiterwusste. Im Nachhinein wundere ich mich, wie viele schwierige Situationen wir damals meisterten. Es gab schwere Berg- und Verkehrsunfälle, Herzinfarkte, Diabetespatienten, welche ins Koma fielen, und vieles andere mehr. Am dramatischsten waren Geburten mit schweren Blutungen. Wir hatten kaum Blutkonserven auf Lager und mussten die Blutspender oft mitten in der Nacht anrufen. Sie kamen bereitwillig, denn sie wussten, dass sie in dieser Situation Leben retteten. Hinterher konnte ich oft kaum mehr schlafen, so sehr hatte mich alles mitgenommen. Ich war mir jede Sekunde bewusst, dass falsche Laborresultate töten konnten.

In dieser Zeit lebte ich sehr zurückgezogen und ging kaum mit meinen Kolleginnen in den Ausgang. Trotzdem waren wir ein gutes Team, welches freundschaftlich zusammenhielt. Sie erzählten von Festen, verliebten und trennten sich. Alle Ereignisse wurden ausführlich zusammen besprochen. Ich war die Ruhige, welche in der Freizeit schrieb und las und erste klassische Konzerte besuchte. Auch begeisterte ich mich für das Fotografieren und experimentierte mit Blenden und Verschlusszeiten, bis die Bilder für mich stimmten. Ich vergass alles dabei, kroch bäuchlings durch hohes Gras, um kleinste Insekten oder Blüten mit dem Makroobjektiv festzuhalten.

Zwei Jahre blieb ich in Meiringen, schloss meine Ausbildung ab und sammelte noch ein bisschen Berufserfahrung. Dann ging ich für ein halbes Jahr nach Paris, um Französisch zu lernen. Dort verlor ich mein Herz an Mouloud aus Algerien, der an der Universität Sorbonne Jura studierte. Mich berührte seine anständige, höfliche Art. Er war blitzgescheit und konnte brillant argumentieren. Das Studium war ihm wichtig, und so war ich schon wieder mit einem überaus fleissigen Studenten zusammen. Gemeinsam entdeckten wir das Paris der Studenten, die billigsten Kinos und Restaurants, die Cité universitaire mit ihrem internationalen Flair. Abends gingen wir gerne zum Centre Pompidou, wo Gaukler auf den Plätzen die Touristen unterhielten. Wir hatten wenig Geld, kochten mit viel Fantasie auf einer winzigen Kochplatte und bewohnten ein Dienstbotenzimmer unter dem Dach eines alten, herrschaftlichen Mietshauses. Es gab keinen Lift, und so stiegen wir neun Stockwerke über eine separate Hintertreppe hoch. Eine Toilette musste für das ganze Stockwerk mit acht Zimmern reichen. Doch das störte uns nicht. Paris faszinierte mich. Ich besuchte Museen, hörte Vorlesungen über Literatur an der Sorbonne, las viel und machte gegen Ende meiner Pariser Zeit das erste Französischdiplom. Von meinem Mansardenzimmer aus sah ich eines Tages den Trauerzug, der Jean-Paul Sartre auf den Friedhof begleitete. Ich besuchte sein Grab und begeisterte mich von dort an für die Friedhöfe von Paris, die ein eigenes, ruhiges Universum bildeten. In den verfallenen Grabkapellen hausten heimatlose Katzen, welche über die Gräber huschten. Steinerne Engel beugten sich über verwilderte Blumenrabatten. Manchmal wuchsen Bäume aus Gräbern. Ich stellte mir vor, wie ihre Wurzeln die Knochen der Toten umarmten.

Nach einem halben Jahr war diese unbeschwerte Zeit zu Ende. Ich nahm Abschied von Mouloud und Paris und kehrte in die Schweiz zurück. Schon von Paris aus hatte ich Bewerbungen geschrieben und konnte nun aus mehreren Angeboten auswählen. Am besten gefiel es mir in Zug in der Klinik Liebfrauenhof, wo ich im Labor eine neue Stelle fand. Meine Chefin Sr. Claudia war eine Liebfrauenschwester. Sie hatte eine sanfte Art und sorgte für ein gutes Betriebsklima. In meiner Freizeit ging ich oft hinunter an den See und flanierte danach durch die mittelalterlichen Gässchen der Altstadt. Nicht weit davon gab es eine gut ausgestattete Bibliothek. Sie wurde zu meinem Wohnzimmer, da ich nur ein kleines Studio in der Nähe bewohnte. Hier sass ich oft an einem kleinen Tischchen am Fenster und las. Hinter mir spürte ich die beruhigende Nähe von gut gefüllten Bücherregalen. Ich blieb weiterhin in Zug, was mich nicht daran hinderte, jede freie Minute in Lungern zu verbringen. In Obwalden war ich Mitglied des Künstlertreffs 13 geworden, der sich jeden 13. des Monats versammelte. Dort trafen sich Künstler verschiedener Sparten, um gemeinsam Projekte vorzubereiten oder einen Abend lang zu diskutieren. Dieser Treff wurde zu meiner geistigen Heimat. Ich lernte Julian Dillier kennen, der für Radio DRS 1 eine Dialektsendung betreute und mich und andere junge Schreibende dazu ermunterte, Texte in Dialekt zu schreiben. Diese brachte er am Radio, was für uns ein grosser Ansporn war, uns ständig zu verbessern. Wir reisten an internationale Treffen mit Dialektautorinnen und Autoren, welche mit der Sprache experimentell und ungewohnt umgingen. Sie sahen unsere Texte an, kritisierten sie auf konstruktive Weise. So lernte ich nach und nach mit der Sprache freier umzugehen. Das Fotografieren begleitete mich weiterhin. Ich vergrösserte meine schwarzweissen Bilder selbst und stellte zweimal meine Bilder aus. Auch konnte ich einem Kartenverlag Fotos verkaufen. Ab und zu machte ich Lesungen, kombiniert mit einer Tonbildschau.

In Zug wurde beschlossen, zwei von vier Spitälern aus Kostengründen zu schliessen. Auch die Klinik Liebfrauenhof war betroffen. Kurz nach meinem dreissigsten Geburtstag wechselte ich in eine orthopädische Arztpraxis. Der Handchirurg war Belegarzt der Klinik gewesen. Er hatte mich angesprochen, ob ich bei ihm arbeiten wolle. Nach einer schwierigen Anfangszeit rauften wir uns zu einem guten Team zusammen. Mein Chef war impulsiv und launisch. Doch er war ein herzensguter, humorvoller Mensch und verzichtete oft auf einen Teil seines Honorars, wenn sich allgemein versicherte Patienten keine Spezialprothese leisten konnten. Gerade bei Handwerkern entschied er sich so, weil die Hände das Kapital dieser Menschen waren. Ich blieb zwölf Jahre dort und erlebte viel Berührendes mit den Patienten. Mein Chef war stolz darauf, dass ich schrieb und zu Lesungen eingeladen wurde. Oft liess er mich früher gehen, um mir einen Auftritt zu ermöglichen. Ab und zu meinte er lachend: «Du bist schon viel mehr Schriftstellerin als Praxisassistentin.» Damit spielte er auf meine zwei linken Hände an, wenn es um Assistenz bei kleinen Eingriffen ging. Mir lagen die Praxisorganisation und das Schreiben von medizinischen Berichten um einiges mehr. Wir hatten ein offenes, herzliches Praxisklima. Es war eine Freude, arbeiten zu gehen.

Nach und nach fand ich in Zug gute Freunde, welche meist künstlerisch tätig waren oder sich für Kultur interessierten. Ich wurde Mitglied des Innerschweizer Schriftstellervereins, wo ich mich bald im Vorstand engagierte. Neben meinem Beruf wurde das Schreiben immer wichtiger. Angeregt durch Hanni Dillier von der Obwaldner Kulturförderungskommission wagte ich mich an mein erstes Buch, «Saure Suppe», welches die Biografie meiner Mutter erzählt. Es berichtet von ihrer steirischen Jugendzeit und endet mit ihrer Ankunft als Magd in der Schweiz. Das Buch fand grossen Anklang, und so schrieb ich den zweiten Band, «Das Mägdli», welcher sich sehr gut verkaufte. Als Drittes folgte noch «Schwarze Röcke trag ich nicht», welches die Trilogie abschloss. Ferien und Freizeit setzte ich oft fürs Schreiben ein. Ich zog mich auf mein Maiensäss in Lungern zurück, welches ich jedes Jahr ein bisschen renovieren liess. Die Einkünfte aus meinen drei Büchern und Förderpreise flossen in das Häuschen. Ich freute mich, wenn ich genau sagen konnte, mit welchem Buch ich das neue Dach, die Terrasse oder den Steinplattenboden in der Küche finanziert hatte. Das Häuschen wurde mit jedem Jahr ein bisschen wohnlicher. Die Möbel fand ich fast alle im Sperrgut. Ich laugte ab, schliff und polierte, bis die ursprüngliche Schönheit der Möbel wieder zum Vorschein kam. In diesem alten Haus vertrug es nur Möbel, welche aus einer langsameren Zeit stammten, in welcher die Dinge sorgfältig und von Hand gefertigt worden waren. Das Maiensäss wurde mehr und mehr zu meiner Heimat. Der Blick über das Tal, den See und in die Berge berührte immer wieder von Neuem.

Generationen von Vorfahren hatten hier bereits gewohnt und das Haus mit ihrem Geist geprägt. Wechselnde Mietwohnungen konnten nie ein Ersatz dafür sein. Selbst im Winter kämpfte ich mich durch hohen Schnee zu Fuss auf den Berg. Es war hart, bis ich das Haus einigermassen warm bekam. Anfänglich holte ich das Wasser noch am Brunnen, weil die Wasserleitung im Winter manchmal einfror. Fast jedes Wochenende war ich oben und fand die nötige Stille, um zu lesen und zu schreiben. Manchmal drückte mich ein schlechtes Gewissen. Ich spürte die Geister der Vorfahren, welche alle Bauern gewesen waren. Schreiben und Lesen hatte in ihren Augen nichts mit wirklicher Arbeit zu tun. Mir gehörte ja ein ganzer Bauernhof, den ich nach dem Tod meines Vaters geerbt hatte. Um das Bauernhaus und das Stöckli unten im Tal kümmerte sich meine Mutter. Das Land war immer noch verpachtet.

Meine Freunde von früher hatten fast alle geheiratet. Selbst Esther war von einer Amerikareise nicht mehr heimgekehrt und hatte sich auf Hawaii verheiratet. Manchmal gab es mir einen leisen Stich, wenn ich das Familienleben meiner Freunde mitbekam. Doch ich war mir nicht sicher, ob ich für ein Familienleben geeignet gewesen wäre. Der Rückzug in mein ureigenes Leben war mir wichtig. Ich brauchte das Alleinsein, Natur und Stille. Unter der Woche war ich mit so vielen Menschen und ihren Geschichten konfrontiert, dass ich meinen eigenen Lebensraum brauchte, um wieder zu mir zu finden. Manchmal genoss ich mein Single-Leben in vollen Zügen und war froh, niemandem Rechenschaft schuldig zu sein. Dann holten mich alte Träume ein. Es musste doch möglich sein, den richtigen Partner zu finden. Meistens endeten die schönen Illusionen, wenn mich der andere mit einem fremden Lebensentwurf zudeckte und erstickte. Manchmal hatte ich einen Partner, der ebenfalls ein Stück eigenes Leben brauchte. Das ging so lange gut, bis ich dahinterkam, dass dies weitere Freundinnen beinhaltete. Diese Art Toleranz konnte ich nicht aufbringen, und so ging ich wieder eigene Wege.

Ich war inzwischen nach Luzern gezogen und hatte eine neue Arbeit gefunden. Ich musste mich beruflich verändern, denn in der orthopädischen Praxis hatte ich ohne Computer gearbeitet. Zur Jahrtausendwende trat ich eine Arbeit in einem Röntgensekretariat an. Die Umstellung war massiv und brachte mich an meine Grenzen. Ich litt unter starken Migräneanfällen und konnte mich kaum davon erholen. Trotzdem biss ich mich durch und schaffte es schlussendlich, mit all den neuen PC-Programmen umzugehen. Um dem Stress gewachsen zu sein, machte ich eine Ausbildung zur Mentaltrainerin. Dort lernte ich einige Methoden, um mich zu entspannen und neu zu motivieren. Doch mir fehlte der Kontakt zu den Patienten, und so wechselte ich nach einem Jahr in eine neurologische Praxis. Dort bekam ich die Gelegenheit, eine Ausbildung zur EEG-Assistentin zu machen. Ich mochte das Ableiten von Hirnstromkurven, was vor allem bei Patienten mit Epilepsie notwendig war. Die ruhige, beobachtende Arbeit lag mir. Doch ich passte nicht wirklich zu meinen Arbeitgebern, welche unglaubliche Perfektionisten waren. So sehr ich mich auch anstrengte, irgendein Detail wurde immer wieder beanstandet. Ich dachte voller Wehmut an die orthopädische Praxis zurück, wo wir so freundschaftlich zusammengearbeitet hatten.

Als ich am wenigsten mit ihr rechnete, traf mich die Liebe daheim in meinem Dorf. Roli entsprach kaum dem Idealbild, welches ich mir innerlich gemacht hatte. Er interessierte sich nicht für Kultur, las keine Bücher und war mit einer Schulfreundin von mir verheiratet. Doch die beiden waren sich einig, dass sie sich scheiden lassen wollten. Er war ein Bergler mit verstrubbelten blonden Locken und leuchtend blauen Augen. Ich liebte die Art, wie er sich bewegte. Nie hatte ich jemanden so gehen sehen, so leicht und doch voller Kraft. Er war voller Leben und Übermut und liebte seine Tätigkeit als Seilbahnbauer. Ich sah ihm oft zu, wenn er in seiner Werkstatt arbeitete. Es sah aus wie Tanzen, so glücklich war er dabei, Das tat mir gut, denn meine

Situation bei der Arbeit war recht belastend. Ich freute mich wie ein Kind auf die Wochenenden. Wir luden oft spontan Freunde ein, kochten zusammen und feierten unkomplizierte kleine Feste. Dann fühlte ich mich daheim und aufgehoben. Roli hatte sich inzwischen scheiden lassen. Zum Glück war der Kontakt zu seiner Exfrau herzlich. Sie kam uns ab und zu mit ihrem neuen Partner besuchen.

Mein Halbbruder Helmut erkrankte schwer an Lungenkrebs. Ich hatte ihn schon länger nicht mehr gesehen, und so fuhr ich zu ihm in die Steiermark. Die Krankheit hatte ihn erschreckend verändert. Ich begriff, dass wir uns zum letzten Mal begegneten. Er konnte nicht über das Sterben, die tödliche Krankheit reden, und so verabschiedeten wir uns stumm voneinander. Trotzdem wussten wir beide, dass es für immer war. Nur wenige Wochen später war er tot. Als ich Roli erzählte, wie schwer es für meinen Bruder gewesen war, seine eigenhändig erbaute Werkstatt zurückzulassen, brach er in Tränen aus. Wenige Monate später veränderte auch er sich auf unheimliche Art und Weise. Er magerte dramatisch ab und weigerte sich, zu einem Arzt zu gehen. Als er es doch zuliess, stand das Todesurteil Darmkrebs bereits fest. Auch er konnte nicht über die Krankheit und den drohenden Tod sprechen. Ich kündigte meine Arbeitsstelle und löste die Wohnung auf, um bei Roli zu sein. Er wurde operiert und kämpfte mit aller Kraft um sein Leben. Doch es nützte nichts. Seine frühere Frau, seine Schwester und ich wachten abwechslungsweise an seinem Bett, weil er nicht allein sein wollte. Als er starb, hielten seine Exfrau und ich je eine Hand. Danach war das friedliche Einvernehmen jedoch zu Ende. Sie hatte mir schon vorher mit deutlichen Worten zu verstehen gegeben, dass sie als langjährige Ehefrau wichtiger für ihn sei als ich. Mir liegt diese Art Denken nicht. Ich war überzeugt, dass wir beide wichtig seien, jede auf ihre Art.

Danach verlor ich für einige Zeit den Boden unter meinen Füssen. Ich litt massiv unter Migräne, was mich eine neue Arbeitsstelle in einer Arztpraxis kostete. Mein Arbeitgeber hatte mir erklärt, dass ich eine Zumutung sei. Er rechne damit, dass ich ohnehin ein Fall für die IV werde. Wenn ich heute zurückdenke: Damals brach mein alter Lebensentwurf zusammen. Ich litt unter Konzentrationsschwäche und Ängsten. Wie sollte ich meinen Lebensunterhalt verdienen, wenn mir bei der Arbeit unerklärliche Fehler passierten? Ich traute mir selber nicht mehr. Meine Ärztin diagnostizierte ein Burnout und schickte mich in die Klinik Gais zur Erholung. Unversehens war ich selber zur Patientin geworden. Diese neue Rolle verstörte mich. Ich hatte keine Lust, mich damit abzufinden. Doch es brauchte viel Zeit, um wieder gesund zu werden.

Wenigstens hatte ich mir einen alten Traum erfüllt und wohnte nun ganz auf meinem Maiensäss. Rolis Kater hatte ich mitgenommen, der mich oft in schwierigen Momenten tröstete. Ich beendete mein Buch «Mutter Helvetia», die Autobiografie einer erstaunlichen Arbeiterfrau, welche noch mit 87 Jahren eine ungebrochene Kraft ausstrahlte. Die stille Umgebung auf dem Berg half mir viel. Im Winter erlebte ich einsame Wochen in einer Welt aus Schnee und Eis. Ich bahnte mir einen Weg zur Scheune, wo meine Holzvorräte lagern, um den Kachelofen nicht ausgehen zu lassen. Ich musste Schneeschuhe anziehen, wenn ich ab und zu ins Tal gehen musste, um meine Post zu holen und Einkäufe zu machen. Die Ruhe tat mir gut. Ich fand zurück zu den wesentlichen Dingen und beschloss, mich nie wieder einem zerstörerischen Leben auszusetzen. Das klang zwar gut, aber wie sollte ich finanziell überleben? Nach und nach fanden sich Möglichkeiten. Ich konnte nun vermehrt für den Berufsverband der medizinischen Praxisassistentinnen schreiben. Für sie besuchte ich Fortbildungen und berichtete darüber. Zudem übernahm ich die Vermietung meines Ferienhauses. Als noch die Teilzeitbetreuung einer MS-kranken Frau dazukam, war mein Lebensunterhalt gesichert. Später wurde ich Mitglied der Kulturförderungskommission Obwalden. Dadurch fand ich einen lebendigen Kontakt zur Kulturszene meines Kantons, welcher mir sehr wichtig ist.

Inzwischen bin ich glücklich mit meiner Patchworkarbeit. Ich habe weitere Bücher geschrieben. Eines heisst «Hochspannung – Leben für die Kraftwerke Oberhasli» und beinhaltet Arbeiterporträts. Mein letztes erzählt von der menschlich sehr berührenden Unternehmerfamilie Elsener, welche die Weltfirma «Victorinox» aufgebaut hat. Dazwischen lagen Jubiläumsschriften für das Kantonsspital Zug und für die Psychiatrische Klinik Zugersee. Jedes Buch führte mich in eine komplett andere Welt, was ein guter Kontrast zu meiner Bergeinsamkeit ist.

Oft komme ich mir unglaublich reich vor, vor allem wenn ich beim Frühstück auf meiner Terrasse sitze und über das Tal und in die Berge schaue. Rundherum blüht es. Ich habe viele kleine Gärten angelegt. Selbst Gemüse wächst auf dieser Höhe von 1100 Metern. Meine Katzen spielen im hohen Gras und kommen immer wieder vorbei, um sich kurz streicheln zu lassen. Obwohl ich ausserhalb des Dorfs lebe, bin ich doch nicht einsam. Ich habe eine Handvoll wunderbarer Freundinnen und Freunde, welche mich selbst in den schlimmsten Zeiten nie im Stich gelassen haben. Inzwischen weiss ich, dass es keine Sicherheiten gibt, dass sich das Leben schnell und radikal verändern kann.

Und jetzt rufen die Kartoffeln draussen im Garten, welche ich unbedingt ausgraben muss. Meine Hände sehen aus wie die einer Landarbeiterin. Kein Wunder! Meine alten Häuser und die Gärten verlangen immer wieder handfesten Einsatz. Dann bricht mein bäuerliches Erbe durch, und ich erlebe glückliche, selbstvergessene Momente. Vielleicht weil dann die unsichtbare Schar meiner bäuerlichen Vorfahren für einen Augenblick mit mir versöhnt ist.

Heidy Gasser

Claudia (*1958)
Künstlerin

*«Gemeinsam unter der Stehlampe ein Buch zu lesen
wäre für uns unvorstellbar gewesen.
Heiraten stand als Symbol für Gewöhnung und hätte
für uns den Untergang der Liebe bedeutet.»*

Als ich noch klein war, wollte ich Bauarbeiter werden. Neben uns wurde ein Haus gebaut. Wie es Backstein um Backstein langsam entstand, fand ich spannend und bewunderte, mit welcher Handfertigkeit die Mauern aufgebaut wurden. Später wäre ich gerne Nummerngirl im Zirkus geworden. Es faszinierte mich, wie die Girls auf immer wieder andere Art über den kreisförmigen und erhöhten Laufsteg die nächste Nummer anzeigten. Zirkusleute ziehen von Stadt zu Stadt, leben in Zelten oder Wohnwagen und haben nur das Nötigste dabei. Sie verzaubern ihr Publikum mit ihrer Welt und ihrem Können. Schliesslich bin ich in einem gewissen Sinne beides geworden: Als Künstlerin baue ich Neues, entwickle meine Handfertigkeit immer weiter und zeige meine künstlerische Arbeit auf verschiedene Arten und in verschiedenen Städten.

Schon früh wusste ich, dass ich weder wie meine Familie noch wie die meisten anderen Leute in meiner Umgebung leben wollte. Ich erinnere mich sehr genau, dass ich als Kind an einer Strassenkreuzung stand, als mir dies zum ersten Mal bewusst wurde. Im Vorschulalter war ich eher scheu und stand oft abseits, wenn die anderen Kinder miteinander auf der Strasse spielten. In der Schule verhielt ich mich angepasst und fand es schwierig und anstrengend, mich dort einzufügen. Zu meinem Erstaunen wurde ich trotzdem immer wieder zur Klassensprecherin gewählt. Wahrscheinlich, weil ich klare Meinungen vertreten und kämpfen konnte, in erster Linie für andere.

Im Gymnasium setzte ich meinen Schwerpunkt auf Zeichnen, Musik, Sport und begegnete Karl Bachofer, einem wunderbaren Zeichenlehrer, der mir neue Welten eröffnete.

Bei einem Wettbewerb für die Gestaltung der Unterführung im Dorf gewann ich den Auftrag für eine Seite. Das bedeutete, meinen Entwurf vergrössern und ihn mit Hilfe einiger Klassenkameraden auf eine Wand zu übertragen. Diese Herausforderung erfüllte mich mit Stolz und Befriedigung. «Wieso gehst du nicht in die Kunstgewerbeschule?», fragte mich mein Zeichenlehrer, durch den mir meine Sehnsucht und Begabung zum Gestalten erst richtig bewusst geworden war.

Doch statt nach der Schule direkt den künstlerischen Weg einzuschlagen, entschied ich mich, zu Hause auszuziehen und die Lehre als Krankenschwester zu absolvieren. Die Ausbildung war sehr vielseitig, aber auch sehr anstrengend. So konnte ich meine Neugier stillen, den Menschen von aussen und innen kennenzulernen; sowohl im gesunden Zustand als auch mit seinen körperlichen oder psychischen Störungen. Ursprünglich hatte ich die Idee, mich als Krankenschwester in der Entwicklungshilfe zu engagieren, denn das Ausland lockte mich schon damals.

Durch meinen Beruf kam ich früh in Kontakt mit dem Tod, und ich fühlte mich zur Sterbebegleitung hingezogen. Vermutlich hat mich der Unfalltod meiner 16-jährigen Schulfreundin Barbara tief geprägt. Meine Auseinandersetzung mit dem Tod gab mir unglaublich viel Lebenskraft, was paradox erscheint. Ich konnte miterleben, wie sich Menschen durch den Sterbeprozess verändern. Ich konnte Anteil nehmen, wenn sie aus ihrem Leben erzählten, und durfte sie begleiten bis zum Tod.

Für mein eigenes Sterben möchte ich wissen, dass mein Leben zu Ende geht und ich dadurch in einen bewussten Prozess treten kann. Ich wünsche, dass nahestehende Menschen bei mir sind und es aushalten, mich zu begleiten. Manchmal frage ich mich: Könnte ich jetzt sterben? Wäre ich nun bereit? Ich lebe immer ein wenig mit dem Gedanken an den Tod; er ist mein Begleiter und gibt mir Kraft. In sehr erfüllten und glücklichen Momenten sage ich mir: Nun könnte ich sterben, vor Glück.

Nach meiner Ausbildung arbeitete ich kurz im Spital, bis zum Eintritt in die Kunstgewerbeschule Basel. Meine weiteren Jahre der künstlerischen Ausbildung finanzierte ich mit einer kleinen Teilzeit-Anstellung als Gemeinde-Krankenschwester. Patienten in ihrer privaten Umgebung zu sehen, brachte mir neue Lebenserfahrungen. In den Anfangszeiten als junge Künstlerin sicherte mir die Teilzeitarbeit ein Grundeinkommen. Später erteilte ich Zeichen- und Malkurse, bis ich schliesslich den Pflegeberuf an den Nagel hängen konnte.

Mit 22 Jahren reiste ich für drei Monate mit meiner Freundin Maja nach Brasilien. Während dieses ersten langen Auslandaufenthalts zeichnete ich viel. Es war am Rio Paraguay, an der bolivianischen Grenze, wo ich ein einschneidendes Erlebnis hatte. In einer nach oben offenen Dusche, mit einer grünen FA-Seife in der Hand, beobachtete ich das einfallende Licht. Es spiegelte sich glitzernd durch das von oben auf mich plätschernde Wasser. Da wusste ich plötzlich: Ich werde Künstlerin und ziehe es durch. Im ersten Moment erschrak ich sehr, wie stark diese Idee sich plötzlich in mir festsetzte. Meiner Freundin Maja verriet ich: «Ich habe soeben etwas Enormes erlebt, worüber ich im Moment nicht sprechen kann, es wird mein Leben verändern, und du wirst es erfahren, wenn es Zeit dafür ist.»

«Ich werde Künstlerin und brauche mein Jugendsparkonto, damit ich einige Zeit überleben kann», eröffnete ich meinen Eltern, welche viel Verständnis für meine berufliche Neuausrichtung zeigten. Ansonsten lehnte ich jede finanzielle Hilfe ab mit der Möglichkeit, zu einem späteren Zeitpunkt wieder darauf zurückzukommen.

Zeichnen konnte ich ganz gut, aber ich wusste, dass ich mein Farbengefühl weiterentwickeln und das Vertrauen in meine Kreativität stärken musste. Mit dem Eintritt in die Kunstgewerbeschule Basel entschied ich mich für die traditionelle Ausbildung. Bald schon merkte ich, dass es verschiedene Wege gibt, und so arbeitete ich daneben Bücher durch mit ganz anderen Einsichten über Wahrnehmung. Ich wusste, dass mein Weg, ausgehend von der realistischen Ausdrucksform, immer mehr in die Abstraktion führen würde. Ich wollte mich in Richtung expressive, gestische Malerei bewegen, mich über das Emotionale mit der körperlichen Aktion ausdrücken. Mit den Jahren merkte ich, wie anstrengend und beengend all das klassisch

Gelernte war und wie viel Kraft, Ausdauer und Konsequenz es braucht, sich davon zu befreien. Heute würde ich eher eine offenere Kunstschule wählen mit mehr Möglichkeiten zur experimentellen und individuellen Ausdrucksform.

Als ich die Laufbahn als Künstlerin einschlug, war für mich nicht vorstellbar, neben meinem Beruf auch noch Kinder zu erziehen. Ich ahnte, dass das Künstlerleben meine ganze Aufmerksamkeit verlangen würde. In dieser Zeit begann die Liebesbeziehung mit Marc. Wir wollten beide keine Kinder grossziehen und auch keinen routinierten Alltag miteinander leben. Jeder verdiente sein eigenes Geld. Zusammenziehen kam für uns nicht in Frage. Gemeinsam unter der Stehlampe ein Buch zu lesen wäre für uns unvorstellbar gewesen. Heiraten stand als Symbol für Gewöhnung und hätte für uns den Untergang der Liebe bedeutet.

Früher träumte ich vom Fliegen. Das habe ich auch ausgelebt, indem ich dieses Thema jahrelang zeichnete und malte. Dazu gehörten für mich auch die körperlichen Erfahrungen, wie Fallschirmspringen, Delta-Doppelflug und Heissluftballon fahren. In dieser Zeit erlebte ich auch Start und Landung eines Flugzeuges im Cockpit, wo ich mir vorkam wie im Kopf eines Vogels. Aus meiner tiefen Sehnsucht nach dem Fliegen zeichnete und analysierte ich im Naturkunde-Museum den Aufbau von Vogelflügeln, bis ich realisierte: Ich habe Haare und keine Federn. Fliegen symbolisiert für mich die innere Freiheit.

Vor meinem vierzigsten Lebensjahr wurde mir nochmals klar bewusst, dass ich nie schwanger sein, nie einen dicken Bauch haben, mich nie jemand Mami nennen würde und dass mir nie ein eigenes Kind einen Brief schreiben würde. Das erfüllte mich vorübergehend mit tiefer Trauer, obwohl ich das ja so entschieden hatte. Wissen und wollen ist eine Seite, es zu leben und zu fühlen eine andere.

Daniel, der Sohn meiner Schwester Susi, öffnete mir vor 23 Jahren als Erster mein Herz für Kinder. Sabina, die zwei Jahre jüngere Schwester, steigerte diese Gefühle noch. Die um einiges jüngere Hannah, Tochter von Freunden, ist mir auch sehr ans Herz gewachsen. Ich habe «meine drei Kinder» von klein auf gehütet und lebe eine enge Bindung mit ihnen. Bei jedem Kind wurde ich angefragt, ob ich Patin werden wolle, und ich habe jedes Mal abgelehnt. Der gesellschaftliche

Rahmen und die Aufgaben einer Patin waren mir zu verpflichtend. Ich glaube, ich habe auf diese Weise eine viel engere und intensivere Beziehung zu ihnen aufgebaut und durfte ihnen etwas aus meiner Welt und meiner Art zu leben zeigen und weitergeben. Diese drei jungen Menschen bereichern mein Leben enorm.

Meine Träume vom Reisen und Leben im Ausland habe ich gelebt und werde sie auch noch weiter realisieren. Die Brasilienreise als junge Frau, ein halbes Jahr in Berlin und New York, meine Teilnahme an Symposien in Dubai und in Russalka/Bulgarien und der dreimonatige Aufenthalt in Bali hinterliessen ihre Spuren. Ich verreise zum Arbeiten jeweils ohne Material, sehe mich vor Ort um, lasse alles auf mich wirken und bin offen, was passiert, was es auslöst. Dann arbeite ich mit den vorhandenen Materialien. So sammle ich neue Erfahrungen, mache Experimente und erweitere meinen Horizont. Am Ende des Aufenthaltes ergibt sich immer eine Ausstellung, welche die Zeit im Ausland abrundet.

Nach Berlin zog es mich 1996, weil mich die Gegensätze zwischen Ost und West interessierten. Ich wollte «unfarbig» arbeiten mit den Extremen von Schwarz und Weiss und allem Dazwischenliegenden – den unzähligen Grautönen. Auch die Abstraktion wurde in dieser Zeit wichtiger. Der Aufenthalt erfüllte mich sehr, obwohl es auf der anderen Seite belastend und schwierig war, meinen Freund zurückzulassen. Ich fühlte mich teilweise «grausam» alleine. Die ersten sechs Wochen lebte ich in einer Wohnung an der Endstation Vinetastrasse der U-Bahn U2 im ehemaligen DDR-Teil. Danach zog ich nach Kreuzberg. Ein Beispiel für meine künstlerische Herangehensweise: Beim Beobachten der Leute während meinen U-Bahnfahrten liess ich mich zu einem grossformatigen Triptychon mit drei verschiebbaren Figuren inspirieren. Ich begann in meiner Vorstellung Köpfe auf andere Körper zu verschieben, wie bei den dreiteiligen Schokoladeverpackungen, mit denen ich früher gespielt hatte. Es ergaben sich die verschiedensten Möglichkeiten, wie zum Beispiel: der Kopf mit einer Schwesternhaube, der Körper mit Baströckchen und die Beine und Füsse mit chinesischen Sandalen.

Ein wichtiger Wendepunkt in meinem Leben war die Trennung von meinem langjährigen Geliebten Marc. Beinahe mein halbes Leben hatte ich mit ihm verbracht. Ich war gerade vierzig Jahre alt geworden, als ich mich 1999 entschloss, nach New York zu gehen – aufgrund einer weiteren visionären Einsicht, die ich in meinem Hinterhof in Kleinbasel erlebte. Das Abendlicht glitzerte durch die Efeublätter, und mir wurde plötzlich klar: Wenn ich nach New York reise, riskiere ich, dass unsere Beziehung diese Distanz nicht übersteht. Ich spürte deutlich, dass ich meinem Lebensweg folgen muss, um in Frieden auf meinem Sterbebett ruhen zu können. Vor wichtigen Entscheidungen stelle ich mir dieses Bild vor. Das Risiko musste ich für meine Weiterentwicklung und meine Kunst eingehen. Die Zeit in New York war geprägt von höchstem Glück über die Erfüllung meines Traumes und von tiefstem Schmerz über die bevorstehende Trennung. Diese farbige und pulsierende Stadt ist für mich nicht Amerika, sondern eine einzigartige Weltstadt mit vielseitiger Architektur im Stadtbild und den unterschiedlichen Quartieren. Das energiegeladene New York hatte mich im Griff. Ich lebte und arbeitete in einer grossen und stimmungsvollen Loft, einer früheren chinesischen Nudelfabrik in Williamsburg/Brooklyn. Ich experimentierte mit den verschiedensten Materialien meines Alltags, die ich schliesslich als Zeichen- und Malgründe nutzte. Im Gegensatz zu Berlin hat mich New York zu farbigen Werken animiert.

Als ich zurückkam, frisch getrennt und ohne Geld, hielt ich mich ein halbes Jahr mit vielen kleinen Jobs auf den Beinen, bis ich in eine tiefe Krise fiel. Aus dem grossen Angebot an Lebenshilfen fand ich schliesslich ein mir entsprechendes Programm und wendete mich mehr und mehr der ganzheitlichen Medizin zu. Es ging mir nicht nur um eine Symptombehandlung, sondern um das Erkennen der Ursachen für meine Krise. In meiner gewohnten Umgebung kam ich mir viel einsamer vor als im fernen New York. Welches waren die instabilen Backsteine in meiner Mauer? Ich wollte mehr über meine unbewussten Anteile erfahren und die grösseren Zusammenhänge erkennen. Mich zu bewegen, allein in der Natur oder in einer Yogagruppe, brachte mir die nötige Balance zurück. Nie zuvor hätte ich gedacht, dass ich in ein derartiges Loch fallen könnte. Ich hatte mir vorgestellt, die Trennung souveräner in mein Leben zu integrieren.

Das Single-Dasein bekam für mich nun eine andere Dimension. Ich empfand es als Blossstellung. Wenn ich Lebensmittel einkaufte, dachte ich, alle sehen, dass ich allein lebe, weil ich so wenig einkaufe. Tief in mir wusste ich, dass dieses Beobachtetwerden nicht von aussen kam, sondern dass ich das nach aussen projizierte. Ich lernte langsam wieder allein auf meinen Beinen zu stehen, mit Achtsamkeit und Selbstverantwortung. Alle meine getroffenen Massnahmen brachten mich zurück ins Kunstschaffen und lösten bei mir einen Veränderungsschub aus. Jede Veränderung braucht Neugier, Mut und Dranbleiben. Die Neugier sitzt links von mir und der Mut rechts, sage ich häufig. Mein tiefes Verlangen nach Veränderung zeigt sich in meinem Leben sowie in meiner Kunst.

Aus meinem Unterbewusstsein entstanden spontane Gemälde, und ich arbeitete direkt aus meiner Empfindung heraus. In dieser Zeit waren Träume weitere Inspirationsquellen. Einige meiner Werke konnte ich erst Jahre später wahrnehmen, im wahrsten Sinne des Wortes.

Ich hatte lange ein Lieblingsbild aus der Zeit des Fliegens, von dem ich mich nicht trennen konnte. Es zeigt einen riesigen Knoblauch, auf einem Ast sitzend, dessen Schatten zu einem Kondor wird. Das Bild ist in einem starken Hell-Dunkel-Kontrast gehalten. Es befand sich auf meiner Einladungskarte zu meiner ersten Ausstellung. Aufgrund dessen gab es bereits zwei Interessenten. Aber ich verkaufte das Bild nicht, sondern hängte es in meiner Wohnung auf. Vor zwanzig Jahren, als ich es malte, wusste ich noch nicht, was dieses Bild für mich alles beinhaltet. Heute weiss ich, dass ich im Leben auch die Zwischentöne, die Vielfalt der «Grauklänge» zwischen Hell und Dunkel, erfahren musste. Das Bild habe ich vor Kurzem bewusst abgehängt.

Heute erlebe ich mich als Single-Frau ganz anders als vor Jahren und komme auf das Beispiel Lebensmittel-Einkauf zurück. Ich schmunzle, wenn ich all die Leckerbissen auf dem Förderband sehe, die ich für mich einkaufe. Das finde ich wunderbar.

In der Zeit vor Bali trat ein neuer Mann in mein Leben, Markus. Wir lebten beide allein und finanziell unabhängig. Nach drei Jahren ging diese Beziehung zu Ende. Der Abschied löste jedoch keine weitere Krise aus, wofür ich sehr dankbar war.

2006 verbrachte ich drei Monate auf der Götter-Insel Bali. Ich sehnte mich nach geistiger und spiritueller Nahrung. Die mir unbekannte asiatische Kultur und der Hinduismus lockten mich dorthin. Dass Harmonie und ein liebliches Umfeld mich inspirieren könnten, war eine überraschende Erkenntnis. Bisher hatte ich meine Inspirationen aus der Disharmonie und den modernen Grossstädten geschöpft. Bei diesem Aufenthalt ahnte ich, dass es um Installationen gehen würde. Die Installation als solche ist in anderen räumlichen Zusammenhängen zu lesen als Zeichnungen und Bilder. Zuerst arbeitete ich mit Objekten und entwickelte sie dann für meine Installationen weiter. Ich war herausgefordert, in der Kunst weiterzugehen. Ich machte in meinen Installationen und mit meinen Objekten erste Performances. Dass mein Körper die eigentliche Ausdrucksform wurde, war für mich ein immenser Schritt.

Zurück aus Bali nahm ich mir viel Freiheit zu leben und zu arbeiten, wie ich es im Ausland getan hatte. Daheim fühlte ich mich zum ersten Mal nicht mehr eingeengt durch die soziale Kontrolle meiner gewohnten Umgebung. Die vielfältigen Erfahrungen konnte ich nun uneingeschränkt weiterführen.

Mein nächstes Projekt wird Indien sein. Seit Bali bin ich überzeugt, dass ich einmal nach Indien reisen werde. Indien ist für mich wie die grosse Schwester von Bali, so wie New York für mich die grosse Schwester von Berlin ist.

Mein Lebensmotto heisst: Nie stehen bleiben, immer nach neuen Möglichkeiten suchen.

Veränderbarkeit ist sehr wichtig für mein Leben. Tatsächliche Veränderung ist anstrengend, braucht viel Energie und Hingabe, Konzentration und grossen Einsatz. Deshalb macht Veränderung Freude.

Mein Bilderlager ist meine Schatzkammer mit meinem Schaffen der letzten 25 Jahre: Zeichnungen, Bilder, Objekte und das Material meiner Installationen und Performances. Die letzten zehn Jahre habe ich bewusst alleine gearbeitet und direkt neben dem Atelier gewohnt. Mit der Zeit habe ich meine Isolation gespürt, und seit zwei Jahren arbeite ich im Atelier-Haus «Bollag». Dieser Atelierraum und die kollektive, kreative Atmosphäre und Umgebung finde ich sehr inspirierend. Ende Jahr werde ich als Genossenschafterin in das neu erstellte

Atelier-Haus mit einziehen. Dieser Schritt bedeutet einen weiteren Wendepunkt in meinem Leben. Ich trete in einen neuen Raum ein.

Ich geniesse es, einen Arbeitsweg zu haben, bei jedem Wetter und jeder Temperatur mit dem Fahrrad dorthin zu gelangen. Das Fahrrad ist eine geniale Erfindung, für mich auch ein Symbol für Freiheit. Ich fahre eher langsam und meine Körperhaltung ist aufrecht, damit ich möglichst viel sehe. Schon beim Losfahren lächle ich oft und werde froh, in Bewegung und unterwegs zu sein.

In meinem Beruf als Künstlerin verbinde ich verschiedene Tätigkeiten: im Atelier gestalten, fotografisch dokumentieren, am Computer bearbeiten, Dokumentationen gestalten, Begleittexte schreiben, meine Website updaten, mein Sekretariat aktuell halten und vieles mehr. Ich werde nie pensioniert sein. So lange wie möglich werde ich arbeiten und Neues erschaffen.

Als Single-Frau muss ich nicht alles allein bewältigen. Seit ein paar Jahren arbeite ich unter anderem mit anderen Leuten in Projekten zusammen: mit meiner Kunstberaterin, mit Tanz- und Musik-Performern, Videokünstlern, Handwerkern und Texterinnen. Auch bei der Teilnahme an internationalen Ausstellungen knüpfe ich neue und weiterführende Kontakte. Trotz meines Single-Daseins fühlte ich mich von der Gesellschaft nicht ausgegrenzt. Wenn ich jedoch im Hotel den Preis für ein Doppelbett bezahlen muss, merke ich, dass das Single-Sein auch etwas Ungerechtes hat.

Der grösste Vorteil meines Single-Lebens ist meine Unabhängigkeit, die spontane Handlungsfähigkeit und meine Eigenständigkeit. Der grösste Nachteil ist, alles selber entscheiden und organisieren zu müssen. Das bedeutet viel Eigenverantwortung auf allen Ebenen. Ich motiviere mich jeweils mit folgendem Satz: Pack es selber an, honey – ein Satz aus meiner New Yorker Zeit. Ich gehe zum Beispiel allein ins Kino oder schwimme im Rhein. Um soziale Kontakte aufrechtzuerhalten, muss ich oft selber aktiv sein. Es ist immer wieder ein Balancieren zwischen Aktivität und Ruhe, Öffentlichkeit und Rückzug. Um kreativ zu sein, brauche ich einen weiten «Zeit-Raum», Ruhe und Leere, in der etwas Neues entstehen kann. Obwohl es nicht immer leicht auszuhalten ist, geschieht gerade in der Leere sehr viel. Ich habe gelernt, meine Kraft gezielt einzusetzen, und dabei erfahren, dass mir als Antwort wieder Energie zufliesst. Künstlerin zu sein ist für mich nicht ein Beruf, sondern eine Art zu leben. Kunst ist meine Leidenschaft. Eine Freundin meinte kürzlich: «Ich nehme dich nicht als Single-Frau wahr, sondern in erster Linie als Künstlerin. Du wirkst erfüllt durch dein Leben und deine Kunst, und es scheint dir an nichts zu fehlen.»

Es war ein mutiger Entschluss, unabhängig von Existenzängsten und Sicherheitsgründen, auf Nebenjobs zu verzichten. Sie würden mich zeitlich und mental zu sehr in Anspruch nehmen. Seit über zehn Jahren arbeite ich intensiv mit einer Kunstberaterin zusammen, die mir eine Freundin geworden ist. Dank Catherine hat sich mein Sammlerkreis gesamtschweizerisch substanziell vergrössert.

Aus einer Mischung von Christentum, Hinduismus, Buddhismus und indianischer Weisheit lebe ich meine Spiritualität und vertraue auf meine Intuition. Durch Meditation zentriere ich mich. Mein Alltag wird begleitet durch verschiedene Rituale. In der Natur tanke ich Energie und werde ruhig, mache hin und wieder für mich alleine ein Feuer und brate eine Wurst.

Schrift ist ein wichtiger Teil meiner bildenden Kunst: Ich schreibe zuerst auf die leere Leinwand, um einen ersten Kontakt mit der Fläche herzustellen. Die einzelnen Worte sind bewusst nicht lesbar. Die eher zeichnerische Schrift hat mit dem Bildinhalt zu tun, den es mit Pinsel und Farbe umzusetzen gilt.

In diesem Buch steht meine Arbeit mit der Schrift in einem ganz anderen Kontext. Ich erkenne, dass die Gestaltung eines Textes für ein Kapitel eine grosse Herausforderung bedeutet. Auf der anderen Seite ist es ein Geschenk für meine Entwicklung, denn ich betrete wieder einen neuen Raum.

Nachdem ich den Text zu diesem Buch abgeschlossen hatte, fassten Marc und ich den Mut, wieder aufeinander zuzugehen. Dies wurde auch möglich durch das Befassen mit meinem Leben in schreibender Form und weil wir beide Single waren. Nach zehn Jahren, in denen bei beiden viel geschehen ist und sich einiges verändert hat, sind wir wieder ein Liebespaar. Anders als früher. Das ist eine Chance, frühere Konstrukte unserer Partnerschaft zu überdenken. Mit einem Lächeln frage ich mich auch: «Vielleicht muss ich unter anderem das lernen, was ich früher strikte abgelehnt habe, zum Beispiel zusammen wohnen und gemeinsam unter der Stehlampe ein Buch zu lesen.»

Redaktion: Lucette Achermann
www.c-eichenberger-art.ch

Stephanie (*1947)
erste Towerfrau und Allrounderin

*«Es nicht immer einfach, den Kopf über Wasser zu halten,
deshalb ist es wichtig, dass man übt, die Luft
anzuhalten und wenn erforderlich abzutauchen, um auch
unter Wasser schwimmen zu können.»*

Wie das Leben in meinem Erwachsenendasein aussehen müsste, konnte ich mir in meiner Kindheit kaum vorstellen. Bis in meine Jugendjahre hegte ich keine spezifischen Berufswünsche, sondern lebte glücklich und unbesorgt in den Tag hinein, mit Vorliebe draussen in der Natur. Wir wohnten am Rande eines Dorfes im aargauischen Freiamt, sehr ländlich, umgeben von Wiesen und Baumgärten und in der Nähe eines Waldes.

Natürlich hatte ich während meiner Schulzeit viele Träume und Fantasien, die ich mit meinen Schulfreundinnen austauschte. Wir stellten uns vor, irgendwann einen Gary-Cooper-ähnlichen Mann und möglichst viele Kinder zu haben.

Schulschätze hatte ich recht viele. Darunter befand sich jedoch keiner, den ich mir als späteren Heiratskandidaten hätte vorstellen können. Im Gegensatz zu vielen meiner Schulfreundinnen, bei denen solche frühen Beziehungen sehr bald in Ehen besiegelt wurden, war ich weit davon entfernt, schon an eine Bindung zu denken. Meine Unabhängigkeit und meine Träume, wie Beruf und Reisen, interessierten mich viel mehr.

Gärtnerin wollte ich als Kind werden. Meine Eltern waren sehr naturverbunden und meine Affinität zum Gärtnern wurde mir vermutlich in die Wiege gelegt. Statt an einem Schnuller nuckelte ich an meinem hellgrünen Daumen. Im Frühling begleitete ich jeweils meine Mutter in die Gärtnerei, um Gemüse und Salatsetzlinge zu kaufen. Ich war fasziniert von all den Treibhäusern und Beeten, aber vor allem von der Art, wie der Gärtner die Setzlinge im Dutzend in Papier einschlug. Zu Hause kreierte ich meine eigene Gärtnerei; ich sammelte Unkraut aller Art, sortierte und verpackte es in Zeitungspapier und verkaufte es gegen Spielgeld an meine Geschwister und Nachbarskinder.

Mit etwa 15 Jahren interessierte ich mich leidenschaftlich für alles, was mit der Fliegerei zu tun hatte. Ausschlaggebend war ein Nachbarjunge, der Militärpilot werden wollte und in den ich verliebt war. Er deckte mich mit Fachliteratur ein, und ich las alle Bücher über die Fliegerei, die mir in die Hände kamen. Von Anne Morrow Lindbergh bis zu St. Exupéry, den ich wohl dazumal nur halb verstand. Pioniere jeglicher Art – Männer und Frauen – wurden zu meinen Idolen. Wer weiss, dachte ich mir, eines Tages kann ich vielleicht ebenfalls etwas Abenteuerliches verwirklichen. Der Wunsch, in die Fliegerei einzusteigen, liess mich nicht mehr los. Stewardess wollte ich nicht werden, oder vielleicht doch, das wollten ja zu jener Zeit fast alle Mädchen irgendeinmal, aber mich interessierte mehr eine andere, eher technische Ebene.

Meine Schulmüdigkeit nach dem Progymnasium führte zu einem ersten Wendepunkt. Ich wollte schon immer das machen, was ich für richtig hielt, mir von niemandem meine Entscheidungen diktieren lassen. Schon in der Schulzeit bestimmte ich selbst, auf welche Fächer und Freifächer ich meine Energie konzentrieren wollte, oft zum Ärger meiner Eltern. Weiterhin zur Schule zu gehen kam für mich nicht in Frage. Nachträglich wünschte ich mir, dass meine Eltern meinem Freiheitsdrang etwas mehr Gegensteuer gegeben und meinen Talenten mehr Beachtung geschenkt hätten. Könnte oder müsste ich heute entscheiden, wüsste ich, dass ich gerne Architektin oder Landschaftsgärtnerin geworden wäre. Ganze Nachmittage zeichnete ich Häuser und Gärten wie eine Bauzeichnerin. Einfamilienhäuser mit allen Details. So legte ich mir auf dem Papier die Vorstellung zurecht, wie ich später einmal wohnen wollte.

Mit einem einigermassen guten Schulabschlusszeugnis hatte ich fast uneingeschränkte Möglichkeiten einer absolut freien Berufswahl aus einem umfangreichen Berufskatalog. Schliesslich war es dann mein Vater, der meinen Spleen für die Fliegerei wiederaufnahm. Er machte mich auf die Möglichkeit einer Ausbildung in der Flugsicherung in Kloten aufmerksam. Die kurze Lehre als Fernmeldeassistentin in der Übermittlungszentrale schien für mich wie gemacht. 1964 bewarb ich mich am Flughafen Kloten und begann knapp 17-jährig meine Lehre. Ein Highlight war, zu Hause auszuziehen, auf dem Weg in die Selbstständigkeit. Glücklicherweise kehrte meine um neun Jahre ältere Schwester von einem längeren Australien-Aufenthalt in die Schweiz zurück. Auch sie war flugbegeistert und arbeitete bei der Swissair in der Passagierabfertigung. So konnte ich mit ihr eine Wohnung teilen – ein Privileg zu jener Zeit –, während die meisten meiner Arbeitskolleginnen nur in einem Zimmer bei einer Schlummermutter untergebracht waren.

Mein Englandaufenthalt bei einer wunderbaren anglo-amerikanischen Familie ausserhalb London, in Buckinghampshire, war eine unbeschwerte Zeit. Ich war zwar Au-Pair-Girl, wurde jedoch wie ein Gast behandelt. Ich hatte mich einzig um die Kinder zu kümmern. Hausarbeiten durfte ich kaum verrichten. Der Mann meiner Gastfamilie war Filmproduzent. Englisch lernte ich vorwiegend beim Lesen alter Drehbücher, die stapelweise herumlagen. Ich durfte mit zu Dreharbeiten, mit Vorliebe zu Nachtdrehs. Oft wurde ein Babysitter für die drei Kinder organisiert, damit ich die Eltern zu den sehr interessanten Einladungen begleiten konnte.

Mittlerweile beschloss meine Schwester Anna, wieder nach Australien zurückzukehren, um eine «alte Flamme» zu heiraten. Damit unsere gemeinsame Wohnung nicht aufgelöst werden musste, kehrte ich früher als geplant in die Schweiz zurück.

Bei meiner vorherigen Arbeitgeberin Radio Schweiz AG (Betrieb des Flugsicherungsdienstes) konnte ich sofort wieder einsteigen. Nach ein paar Monaten wurde mir ein Sommerjob bei der Flugsicherung auf dem Flugplatz Bern-Belp offeriert. Zusammen mit einer Arbeitskollegin aus Zürich zogen wir nach Belp, um uns die Stelle im Flight Information Office im Schichtbetrieb zu teilen, damit die dortigen Festangestellten in die Sommerferien konnten. Ebenso teilten wir uns eine gemütliche Wohnung unweit des Flugplatzes. Das waren spannende Monate. Der ganze Betrieb war wie eine grosse Familie. Ein herrlicher Sommer mit vielen Ausflügen zu Land und in der Luft,

Picknicks an der nahen Aare, Feste in unserer Chaletwohnung, die oft bis zum nächsten Morgen dauerten.

Auf dem Schilthorn und in Mürren fanden die Dreharbeiten für einen James-Bond-Film statt. Heliswiss flog dauernd hin und her mit Passagieren und Material. Nach einem Frühdienst oder einem dienstfreien Tag durften wir gelegentlich mitfliegen, um ein paar Stunden auf dem Schilthorn an der Sonne zu verbringen. Helikopterfliegen war für mich eine neue, faszinierende Dimension.

Die paar Flirts und Affärchen waren nicht von längerer Dauer, was auch gut war. Eine sehr intensive Freundschaft hatte ich mit einem Flugsicherungskollegen in Bern, mit dem ich schon in Zürich zusammengearbeitet hatte. Wir verstanden uns blendend und vertrauten uns unsere Sorgen an. Nach der Arbeit sassen wir oft am nahen Aareufer und schütteten uns gegenseitig das Herz aus über unsere heimlichen, unerwiderten Lieben. Waren wir hingegen gut drauf, sangen wir Schnulzen aus der Hitparade auf das vorbeifliessende Wasser hinaus.

Zurück in Zürich wurde mir eine neu geschaffene Position als Administratorin im Kontrollturm angeboten. Ich war zuständig für die interne Übermittlung von Flugdaten per Telefon sowie diverse statistische Aufgaben. Meine Funktion im Tower ohne direkte Verantwortung war mitten im Geschehen. Beim Beobachten und Zusehen lernte ich rasch viel dazu. Nach einem Jahr wurde mir angeboten, mich zur Fluglotsin ausbilden zu lassen. Die damalige Radio Schweiz AG hatte Schwierigkeiten, genügend Nachwuchs zu rekrutieren, und zog in Erwägung, auch Frauen auszubilden. Dieses Angebot reizte mich. Ich durchlief eine psychotechnische Eignungsprüfung, wurde auf Herz und Nieren getestet und begann im Herbst 1970 zusammen mit einer andern Frau und 25 jungen Männern in Bern meine Ausbildung. Ich genoss einen Heimvorteil; alle andern Kursteilnehmer kamen von aussen, von anderen Berufen und hatten wenig Ahnung, worum es in diesem Job ging und was sie als Flugverkehrsleiterassistenten erwartete. Nach zwölf Monaten auf der Schulbank und einem von der vielen gebüffelten Theorie brummenden Kopf genossen wir sieben abenteuerliche und amüsante Wochen auf dem Flugplatz Belp. Wir absolvierten die fliegerische Grundausbildung, die wir mit dem Brevet zum Privatpiloten abschlossen. Dies war ein Bestandteil der Ausbildung und sollte das Verständnis zwischen Lotsen und Piloten fördern.

Teil zwei unserer Ausbildung erfolgte im Aerea Control Center Kloten. Ein sehr praxisbezogenes On-the-job-Training. Als erste Flugverkehrsleiterassistentin der Schweiz war mir klar, dass mein Weiterkommen nach der Lizenzierung im Kontrollturm und nicht in der Luftstrassenkontrolle lag. Dort sass man ausschliesslich vor dem Radarschirm; das war mir viel zu abstrakt. Im Kontrollturm hingegen war ich näher am Geschehen, konnte mit Blick aus dem Fenster die Flugbewegungen mitverfolgen. Ausserdem sassen dort meine Kollegen, die mich zu dieser Ausbildung motiviert hatten. Sie freuten sich, endlich auch eine Frau in ihrem Umfeld zu haben. In andern Ländern war dies schon länger der Fall.

Mit zwei Kollegen stieg ich in den nächsten Tower-Kurs ein. Aber wirklich gebraucht wurde nur einer – also wussten wir alle drei, dass wir uns recht ins Zeug legen mussten. Einer der beiden Instruktoren war ein unzugänglicher Typ mit einem sehr schrägen Frauenbild. In diesem Umfeld existierten für ihn Frauen schlichtweg nicht; das wusste ich schon aus meiner Zeit als Administratorin, aber ich versuchte es wegzustecken. Nach drei Wochen reiner Flugsicherung im Schulzimmer ging es an die Front, zu regelmässigen praktischen Tests, unter den strengen Augen einer Aufsicht und eines Instruktors.

Schnell wurde mir klar, dass ich, um zu bestehen, als Frau mehr leisten musste als die beiden männlichen Kandidaten. Allen dreien unterliefen anfangs die gleichen Fehler, meine wurden jedoch eindeutig strenger bewertet. Zudem dominierte einer der Kollegen mit seiner Körperlänge. Fachlich war er wohl der Beste, aber es war doch erstaunlich, wie viel Dominanz er mit seinen nahezu zwei Metern herausholen konnte. Viele meiner Kollegen unterstützten mich, doch je näher ich meinem Ziel kam, desto mehr schwand die «Begeisterung» und demzufolge die Unterstützung der Skeptiker. Ich war ernsthaft auf dem Weg, in eine Männerdomäne einzudringen und ihre Berufsgattung zu entmystifizieren. Flugverkehrsleiter hatten damals, genau wie Piloten, einen glorifizierten Sonderstatus, und Pilotinnen gab es im Linienverkehr noch kaum. Offenbar war ich für viele meiner Arbeitskollegen eine Bedrohung; mein Eindringen in ihr Revier bedeutete für sie einen Imageverlust. «Ja, wenn das eine Frau auch kann – ist das vielleicht doch nicht so eine spezielle Sache …!»

Je näher die Abschlussprüfung rückte, umso schwieriger wurde die Situation. Ich wurde von meinen Kollegen nicht wirklich getragen, erfuhr keinerlei Aufmunterung oder Coaching; keinerlei Nachfrage nach meinem Befinden. Ich signalisierte aber auch nie, dass ich Unterstützung bräuchte. Im Grunde war ich extrem alleine. In meiner jugendlichen Naivität strampelte ich tapfer weiter. Bis anhin hatte ich nie für etwas wirklich kämpfen müssen. Es war ein Wechselbad zwischen stolz und beleidigt sein. Ich begann meine Situation zu hinterfragen. Will ich dies alles wirklich – oder sind es die andern, die es gerne so hätten? Würde ich mit diesem hochspezialisierten Job auf die Länge glücklich sein? Wäre es nicht klüger, sich früh genug auf etwas völlig anderes umzubesinnen? Da gab es doch noch so viel Interessantes auf dieser Welt. Die Erkenntnis, dass viele meiner Arbeitskollegen über die Jahre in ihrem Beruf aus den verschiedensten Gründen regelrecht «gestrandet» waren (Verantwortungsdruck, Überforderung, ausgebrannt sein), war auch nicht sehr ermutigend. Ausschlaggebend war das Zusammentreffen mit einer ehemaligen Arbeitskollegin, einer guten Freundin. Sie war eben im Begriff ihr Leben völlig umzukrempeln. Sie hatte sich von ihrem Mann getrennt und wollte die Matura nachholen, um zu studieren. Vorübergehend wohnte sie bei mir, und unsere nächtelangen Diskussionen öffneten mir die Augen: Ich wollte auch einen neuen Weg einschlagen.

In meiner typischen Gangart, unwiderrufliche Entschlüsse ganz spontan zu fassen, schrieb ich meine Kündigung. Kurz entschlossen plante ich einen längeren Auslandaufenthalt. Erst jetzt realisierte ich, welcher Druck von mir abgefallen war. Andertags trat ich meinen Dienst an. Ich erinnere mich sehr deutlich, wie ich kurz vor Dienstschluss einem British-Airways-Flug die Starterlaubnis erteilte. Nur ich allein wusste, dass es meine letzte als Festangestellte war. Morgen würde meine Kündigung eintreffen. Das Management zeigte sich überrascht und bat mich, meinen Entschluss zu überdenken, was ich jedoch ablehnte. Ich hatte meine geliebte Freiheit wieder und ging auf Weltreise – via Amerika nach Australien.

Nach meiner Rückkehr in die Schweiz musste ich mich beruflich völlig neu orientieren. Mit meiner bisherigen Ausbildung war ich eher eine Fachidiotin. Vom kaufmännischen Metier hatte ich nicht die leiseste Ahnung, wusste kaum, wie man einen Geschäftsbrief schreibt. Dennoch fand ich rasch eine Stelle in einem Luxusgeschäft der Silberbranche. Bei meinen ersten Erfahrungen in der Administration und im Verkauf waren meine Sprachkenntnisse gefordert. Meine «Lehrmeisterin», ein absolutes Original, eine faszinierende Frau mit einer enormen Lebenserfahrung, brachte mir bei, auch schwer verkäufliche Ladenhüter zu verkaufen – vornehmlich an ausländische Passanten –, so war die Sicherheit gegeben, dass wir die Ware für immer los waren …

Es folgten vier turbulente Jahre bei einem Innenarchitekten mit einer Werbeagentur. Danach ging ich nochmals auf eine längere Reise, durch Amerika, Australien und Asien. Nach meiner Rückkehr herrschte Rezession; es war schwierig, Arbeit zu finden. Eine Berufsberaterin definierte zwei Arbeitsgebiete, für die sie mich als «unvermittelbar» einstufte. Versicherung oder Bank. Kurz darauf wurde mir eine Stelle in einer amerikanischen Bank angeboten – allerdings im Non-banking-Bereich. Ich gab mir die Chance, es zu versuchen – wechseln konnte ich ja immer wieder. Daraus wurden 18 spannende Jahre. In der Abteilung Interne Dienste betreute ich Telefon, Reception, Post und Materialeinkauf. Als Country Travel Manager kümmerte ich mich um die Reiseplanung der Mitarbeiter. Besonderen Spass hatte ich bei der Betreuung der internen Kunstsammlung, in Zusammenarbeit mit einer Kuratorin in New York.

Nach einer langen sorglosen Zeit folgte eine Phase von mehreren Umstrukturierungen, die mehr Wirbel als Erfolg erzeugten. Unser langjähriges Team wurde bis zur Auflösung umfunktioniert, und es begann ein kalter Wind zu wehen. Mit 53 entschloss ich mich – wiederum kurzfristig –, zu einem erneuten Berufswechsel, statt bis zur Frühpensionierung, von der ich nicht mehr weit entfernt war, auszuharren oder auf den Rausschmiss zu warten. Eine Neuorientierung im kulturellen Bereich schwebte mir vor. Der Arbeitsmarkt war zu dieser Zeit gut, also wagte ich den Absprung und landete ziemlich sanft bei einer Kunstsammlung für Gegenwartskunst, zuerst einige Jahre im

Privatsekretariat des Sammlers. Bis vor Kurzem war ich im Bereich der Sammlung tätig.

Als Single-Frau und erste Frau im Tower wurde ich von einigen Arbeitskollegen umgarnt. Doch ich war viel zu beschäftigt mit meiner beruflichen Herausforderung und zog den Umgang mit Freunden ausserhalb des Arbeitsbereiches vor. Klar hatte ich meine Favoriten, aber ich liess mir nicht viel anmerken, und Kokettieren war nicht unbedingt mein Ding. Mein selbstverständlicher Umgang mit Männern flösste ihnen Respekt ein oder verunsicherte sie. An eine bestimmte Vision erinnere ich mich noch ganz genau. Mit etwa 28 Jahren lag ich mal in der Badewanne, mit vielleicht einem Glas Rotwein zu viel intus: Spätestens mit 32 bist du verheiratet mit dem Mann deiner Träume und Mutter zweier hübscher Kinder. Felsenfest davon überzeugt, dass sich das bis dann so bewerkstelligen liesse, stieg ich zuversichtlich aus der Wanne.

Die Zeit verflog in Windeseile und damit meine Familienträume. Ich lebte weiterhin zufrieden, unverheiratet und kinderlos vor mich hin. Heiraten? Nein! Von links und rechts konnte ich mehr und mehr abschreckende Beispiele mitverfolgen, wo Freundinnen um ihre «Prinzen» kämpften. Kaum hatten sie ihn endlich unter Dach, merkten sie, wie schnell der Glanz verblasste.

Natürlich durchlief ich Phasen, in denen mich das Ticken der biologischen Uhr verunsicherte. Ich war nie kategorisch gegen Familie und Kinderkriegen, aber nur mit dem richtigen Partner, zum richtigen Zeitpunkt. Aus meinem Freundeskreis hörte ich immer wieder: «Wie schade, du wärst eine gute Mutter für mindestens vier Kinder.» Sicher hätte ich diese Aufgabe gut gemeistert. Allerdings habe ich grossen Respekt vor der Verantwortung gegenüber Kindern. Wenn ich schwierige familiäre Situationen in meinem Freundeskreis beobachtete, bei alleinerziehenden Müttern oder in Partnerschaften, wusste ich, dass ich dies so nicht wollte.

Ein lebhafter, interessanter und vor allem verlässlicher Freundeskreis war mir schon immer viel wichtiger als eine erzwungene und vielleicht langweilige Zweierbeziehung – nur um des Nichtalleinseins willen. Momentan führe ich eine örtlich getrennte Beziehung mit einem wiedergefundenen Freund. Sozusagen eine Ost-West-Beziehung. Wir sehen uns regelmässig, einmal da, einmal dort und oft auch irgendwo in der Mitte. Mit ihm war ich früher schon einmal während zehn Jahren zusammen. Dann trennten wir uns und fanden uns zwölf Jahre später durch einen Zufall wieder. Wir harmonieren gut, wenn wir zusammen sind, brauchen aber beide immer wieder eine Phase des Alleinseins, ohne Langeweile zu empfinden. Ich denke schon, dass es so was wie die «Grosse Liebe» gibt und man von ihr gefangen wird. Nur für kurze Zeit oder länger, selten jedoch für die Ewigkeit.

Je älter ich werde, desto mehr bedeutet es mir, viel Zeit in der freien Natur zu verbringen, um geistige Energie zu schöpfen. Ich wandere sehr gerne und mag schöne und intakte Landschaften, die leider immer seltener werden. Ich sorge mich sehr um unseren weltweit fahrlässigen und zerstörerischen Umgang mit der Natur. Oft beunruhigt mich dies mehr als sinnlose Kriege und all die politischen Wirren. Ich verabscheue Falschheit und Verlogenheit.

Auf Musik, vor allem klassische und modernen Jazz, sowie Literatur und Kunst möchte ich nicht verzichten. Ich liebe Barock-Opern, vor allem Händel. In meinem «nächsten Leben» möchte ich gerne Sängerin werden. Die menschliche Stimme fasziniert mich, weil sie als Instrument so handlich ist. In einem Chor mitzusingen habe ich bis jetzt nicht geschafft, werde dies aber demnächst endlich realisieren.

Das soziale Netz zwischen guten Freunden ist mir besonders wichtig. Freundschaften verlangen viel. Man muss sie laufend pflegen und an ihnen arbeiten. Ich koche leidenschaftlich gerne und lebe Teile meiner Sinnlichkeit als Köchin und Gastgeberin aus. Ich bewege mich in einem Umkreis von vielen Single-Frauen und -Männern. In der allgemeinen Gesellschaft fühle ich mich gut integriert. Kaum jemals komme ich mir als Aussenseiterin vor. Wenn ich als Frau alleine in einem Restaurant an einen sogenannten Katzentisch verwiesen werde, wehre ich mich vehement. Selbst zwei Frauen ohne männliche Begleitung passiert das heute immer noch.

Eine Emanze war ich nie, aber ich interessiere mich für Frauenangelegenheiten. Fast unglaublich, dass in den Achtzigerjahren vielerorts unverheiratete Frauen noch mit Fräulein angesprochen wurden – sogar mein Arbeitsvertrag bei der Bank lautete noch so. Ich bat die Personalabteilung, das Wort Fräulein endlich zu begraben. Es wurde geändert, und von da an gab's nur noch Frauen und Männer.

Wenn ich mir heute, mit etwas über sechzig überlege, wie unbeschwert ich in gewissen Phasen meines Lebens mit der Zeit umgegangen bin und nochmals von vorn beginnen könnte, würde ich sie besser nutzen. Meine allgemeine Lebenseinstellung ist positiv, mit dem steten Bewusstsein, was für eine unwichtige *Wenigkeit* wir Menschen in der Fülle dieses schönen Planeten doch sind. Es gelingt mir immer wieder, mich über viele kleine Dinge zu freuen. Im täglichen Leben ist es nicht immer einfach, den Kopf über Wasser zu halten, deshalb ist es wichtig, dass man übt, die Luft anzuhalten und wenn erforderlich abzutauchen, um auch unter Wasser schwimmen zu können.

Über das Alter mache ich mir oft Gedanken. Die ideale Form des Wohnens zu finden, um das gefürchtete Altersheim möglichst zu umgehen, wäre schön. Körperlich und geistig fit und gesund alt werden, um dann irgendwann ohne langen Leidensweg einfach zu sterben – möglichst im Freien, unter einem schönen Baum –, wäre mein Wunsch. Meine Asche soll einmal verstreut werden. Im Moment zögere ich noch zwischen einer ganz bestimmten Fluh im Baselbieter Jura und einer Flusslandschaft.

Aufgezeichnet von Irène Hubschmid

Petra (*1957)
Hauswartin, Kosmetikerin und Fusspflegerin

«Alleinsein motiviert mich nicht zum Kochen oder einen Weihnachtsbaum zu schmücken. Die Seele lebt von Anerkennung, sonst verarmt sie.»

Bei meiner heutigen Körperfülle würde man nie vermuten, dass ich als junge Frau gerne Tänzerin geworden wäre. In unserem Quartier gab es eine Ballettschule. Da guckte ich schon als Kleinkind immer träumerisch hinein. Mutters Finanzen hätten jedoch Ballettunterricht niemals erlaubt.

Ich hatte einen 16 Jahre älteren, unehelichen Halbbruder. Sein Vater verschwand 1941 noch vor seiner Geburt, und meine Mutter fand erst später heraus, dass er schon verheiratet war. 1953 heiratete sie in der ehemaligen DDR meinen Vater, einen Ungaren. Dass ihr dabei die deutsche Staatsangehörigkeit aberkannt wurde, wäre gemäss deutschem Gesetz nicht mehr zulässig gewesen, aber der Standesbeamte handelte einfach nach eigenem Gutdünken. Ende 1953 flüchtete Mutter aus dem Osten, weil mein Vater wegen irgendwelchen subversiven Sprüchen verhaftet wurde. Nach seiner Freilassung kam Vater auch in den Westen.

Kurz danach wurde meine Schwester geboren, und 1957 kam ich zur Welt.

Schon vier Jahre darauf trennten sich meine Eltern. Mein Vater war Alkoholiker. Er hat unsere Mutter richtig böse geschlagen. Einmal band er mich und meine Schwester mit seinem Gürtel zusammen, übergoss uns mit Alkohol und wollte uns anzünden. Mutter stand hilflos zitternd daneben. Gott sei Dank ist unser Bruder durch das grosse Fenster gestiegen und konnte seinen Stiefvater von hinten packen. Dieses Schlüsselerlebnis hat sich für immer in meiner Erinnerung eingebrannt.

Unsere Mutter musste hart schuften, um uns Kinder durchzubringen. Wir waren Schlüsselkinder und begegneten uns nur abends nach ihrem Feierabend. Ich ging ungern zur Schule, weil ich da verlacht und gemobbt wurde als sogenanntes Zigeunerkind eines ungarischen Vaters. Meine Schulnoten fielen nicht besonders gut aus, und ich ging frühzeitig, ohne richtigen Abschluss, von der Schule ab. Meine Noten reichten nicht einmal aus, um eine Friseurlehre zu machen. Zudem hätte ich keine Lehrstelle antreten können, weil ich einen Fremdenpass besass. Wegen der Herkunft meines Vaters wurden wir in Deutschland als staatenlos deklariert. Mutter hätte sich als Alleinerziehende auch gar keine Ausbildung für mich leisten können. Ein Auslandaufenthalt, um eine Fremdsprache zu erlernen, lag auch nicht drin. Englisch hätte ich gerne gelernt, zudem faszinierten mich nordische Sprachen mehr als die südländischen.

Mit 19, als ich ohne Ausbildung und ohne Arbeit dastand, wurde ich schwanger. Natürlich hatte ich Angst, meine Mutter einzuweihen, dass da ein Kind unterwegs war. Als es sich nicht mehr verheimlichen liess, sagte sie: «Na gut, es ist jetzt passiert, was soll man machen? Dieses kleine Geschöpf kriegen wir auch noch gross.» Der Vater meines Sohnes René wollte das Kind nicht. Ich trennte mich vom Erzeuger meines Kindes und blieb noch ein paar Monate zu Hause, bis ich Gott sei Dank eine Stelle als Hauswartin antreten konnte. Diese Tätigkeit ermöglichte mir, meine Arbeitszeit beliebig einzuteilen, damit ich mich auch um meinen Haushalt kümmern konnte. Die Häuser, die ich zu warten hatte, gehörten der Deutschen Bahn. Die stellte auch eine «Ausländerin» wie mich ein. 25 Jahre lang war ich verantwortlich für die gleiche Stelle.

Renés Vater bezahlte nie freiwillig Unterhalt für seinen Sohn, sondern er machte die «Flocke», das heisst, er flüchtete in die Schweiz und nach Österreich, um den Zahlungen zu entgehen. Er war im wahrsten Sinne des Wortes auf der Flucht vor seinem Kind. Unglaublich! Das Jugendamt beauftragte sogar eine Detektei, um ihn ausfindig zu machen. Gelegentlich wurde mir dann ein kleiner Betrag überwiesen.

Zwei Jahre nach der Geburt von René lernte ich einen 17 Jahre älteren Mann kennen. Mit ihm eine Familie zu gründen hätte ich mir anfangs vorstellen können. Er verstand sich gut mit dem Kleinen und nahm ihn auch manchmal mit in die Kneipen. Aber wenn er sich im alkoholisierten Zustand mit ihm hinters Steuer setzte, geriet ich in Panik. Ich betrachtete dies als Warnung und liess den Wunsch nach einer Familie mit ihm fallen. Wir trennten uns.

Mit einem Elternteil, der Alkoholiker war, ist man immer versucht, alles besser machen zu wollen, möglichst perfekt zu sein, um niemanden zu verletzen. In meiner ganzen Verwandtschaft wurde dem Alkohol tüchtig gefrönt. Auch mein Bruder war diesem Laster verfallen. Trotz seiner vielen negativen Erfahrungen geriet er ins gleiche Fahrwasser wie sein Stiefvater. Wenn er betrunken war, schlug er seine Frau. Er starb 2004. Meine Schwester lebt auch nicht mehr. Sie war acht Jahre unglücklich verheiratet. Es gab Zeiten, da versuchte auch ich, meine Probleme im Alkohol zu ertränken, doch das schlechte Gewissen zwang mich Grenzen zu ziehen. Meine momentan angeschlagene Gesundheit lässt in dieser Hinsicht keine Exzesse zu. Wenn die Sorgen mich überwältigen wollen, rede ich mir zu. Ich versuche mich am eigenen «Schlawittchen» zu packen und wieder hochzuziehen.

Als ich 27 Jahre alt war, wurde ich erneut schwanger. Meine Mutter fragte: «Konntest du nicht besser aufpassen? Es gibt ja auch noch die Pille!» Die hatte ich brav eine gewisse Zeit eingenommen, aber dafür 13 Kilo zugenommen. Der ewige Kampf gegen mein Übergewicht belastete mich schon damals. Mein zweiter Sohn heisst Rouven. Das ist ein hebräischer Name, der mir einfach gut gefallen hat. Dabei ist Rouvens Vater Türke und Mohammedaner. Eigentlich ein liebenswerter Mann, ein Jahr jünger als ich, und sehr einnehmend. Auch er flehte mich an, das Kind nicht auszutragen. Die Mitglieder seiner Familie dürften nichts davon wissen, sonst kämen sie und würden mir das Kind wegnehmen. Ich merkte bald, dass da zwei Welten aufeinanderprallten. Das sind schlechte Voraussetzungen für eine Ehe. Im Grunde wusste ich dies schon vor der Schwangerschaft, aber ich war verliebt und wollte es nicht wahrhaben. Als es hiess: «Lass uns zusammenziehen», teilte er Befehle aus, wie ich meine Wohnung einzurichten hätte. Aber Freiheit und Unabhängigkeit sind mir sehr wichtig. Dann musste er für ein halbes Jahr zum Militär in die Türkei. Nach seiner Rückkehr schlug ich ihm die Trennung vor. Wenn er Rouven besuchte, blieb ich immer dabei, aus Furcht, dass er ihn entführen könnte. Für meinen älteren Sohn René hatte er gar nichts übrig. Er grüsste ihn kurz, aber mehr Zuneigung schenkte er ihm nie. Als Mensch hat er ihn gar nicht wahrgenommen.

Im Jahre 1987 zog meine Mutter zu mir, weil sie gesundheitlich sehr angeschlagen war. Während ich arbeitete, passte sie auf die Kinder auf. In jener Zeit absolvierte ich auch eine Ausbildung zur Kosmetikerin, doch ich musste bald feststellen, dass ich mit dieser Tätigkeit zu wenig verdiente, um unseren Lebensunterhalt zu bestreiten. Dann wurde meine Mutter zum Pflegefall und blieb bis zum Schluss unter meiner Obhut.

In meiner kargen Freizeit gab es wenig Abwechslung. Zur sogenannten intellektuellen Literatur fühlte ich mich nie besonders hingezogen. Ich vertiefte mich lieber in Schundromane. Schon als Kind las ich gerne Jerry-Cotton- und Indianergeschichten. Mein grosser Schwarm war Pierre Brice im Film als Winnetou.

Ausser der Geburten meiner beiden Söhne kann ich über keine nennenswerten Höhepunkte in meinem Leben berichten. Aber von Männern halte ich trotz meiner negativen Erfahrungen recht viel. Wenn ich sehe, was meine Jungs erreicht haben, bin ich beeindruckt. Der Ältere hatte schon als Kind geäussert, er wolle einmal ein Haus, eine Frau und ein Kind. Das hat er alles geschafft. Der Jüngere, mittlerweile dreissig Jahre alt, ist ein erfolgreicher Zahntechniker. Beim Betrachten der jüngeren männlichen Generationen würde ich sagen, dass sie sich positiv entwickelt haben. Sie sind im Privatleben auch nicht mehr so besitzergreifend oder bestimmend, vielmehr kompromissbereit.

Als Single-Frau wurde ich in der Gesellschaft oft schräg angeguckt, besonders als Schwangere ohne Mann. Durch meine Stellung als Hauswartin wussten natürlich alle Bewohner Bescheid über meinen Zivilstand. Mit den Ämtern hatte ich nicht viel zu tun. Kindergeld habe ich zwar beantragt, aber nie welches bekommen. Mit meinem Gehalt bin ich trotzdem recht gut über die Runden gekommen. Die Unabhängigkeit durch meinen Beruf kam mir sehr zupass. Ich habe immer alles in eigener Regie gemacht. Ich will für mich alleine sorgen.

Wenn ich mit einem Mann zusammen wäre, müsste er Seins machen und ich das Meinige.

Das Alleinleben hat den Nachteil, dass es zu keinem Austausch mit einem Partner kommt. Einsamkeit macht sich breit. Die Lust, etwas zu unternehmen, ist mir mehr und mehr abhanden gekommen. Ab und zu bin ich mit Freundinnen unterwegs, aber das ist kein Ersatz für eine Partnerschaft. Viele Menschen zähle ich nicht mehr zu meinen Freunden, ich habe sie aussortiert. In verschiedenen schwierigen Situationen musste ich zu oft denken: Hallo, wo sind sie denn, die sogenannten Freunde? Silvia, die Mutter meiner Schwiegertochter, ist mir eine gute Freundin. In ihrem Friseursalon habe ich vor ein paar Jahren mein Fusspflege- und Nagelstudio eingerichtet.

Die am längsten dauernde Freundschaft pflege ich seit 1972. Der eigene Tritt in den Hintern hilft mir, immer wieder aus dem eigenen Loch hochzukommen. Manchmal werde ich auch von Bekannten aufgefordert, mich über mein Befinden zu äussern. Obwohl ich mir meine Tiefs nicht anmerken lassen will, stellen die Leute fest, dass ich ein anderes Verhalten an den Tag lege. Verbergen kann man es nicht ganz.

Was ich vom Politgeschehen mitkriege, ist mir ein absoluter Gräuel. All diese Veränderungen und Ungerechtigkeiten! Harz IV zum Beispiel finde ich sehr erniedrigend. Meine Freundin könnte davon betroffen werden. Sie arbeitete ebenfalls als Hauswartin für die Immobilien der Deutschen Bahn, das heisst in der Verwaltung des ehemaligen Reichsbahnvermögens. Nach der Wiedervereinigung hat der Osten die Häuser wieder zurückbekommen. Danach wechselten die Besitzer und die Arbeitgeber ständig, nur die Hauswarte nicht. Beim letzten Verkauf verlor meine Freundin ihre Arbeit, obwohl sie schon über 37 Jahre – fast ihr ganzes Leben lang – für die unterschiedlichen Firmen als Hauswartin tätig gewesen war. Es ist eine Schande, wie die Leute fallen gelassen werden. Mit 20 000 Euro Abfindung kommen sie nicht weit. 11 000 Euro sind unversteuert, die übriggebliebenen 9000 müssen versteuert werden. Da bleibt nur ein kläglicher Rest. Nach anderthalb Jahren Arbeitslosengeld wird sie, falls sie keine neue Stelle findet, in Harz IV rutschen. Das ist doch entwürdigend! Ich war selbst mal davon betroffen. Von den monatlich 375 Euro, die ich vom Staat bekam, musste ich Strom, Kleidung und die 33 Euro für die Monatskarte der öffentlichen Verkehrsmittel bezahlen. Wenn dann noch Schulden vorhanden sind, ist man ausgeliefert! Was dieser Mehdorn, als oberster Bahnchef, uns mit seinen Umstrukturierungen und seinem Profitdenken eingebrockt hat, ist skandalös.

Mein grösstes Ziel ist, gesundheitlich wieder auf den Damm zu kommen. Vor zwanzig Jahren hatte ich den ersten Arbeitsunfall. Da bin ich im wahrsten Sinne des Wortes auf dem Lappen ausgerutscht und habe mir dabei das Kreuzbein gerissen. Zu der Zeit gab es noch nicht die Operationsmöglichkeiten wie heute, keine künstlichen Kreuzbänder. Während drei Jahren bin ich ohne Kreuzband herumgelaufen. Durch Schon- und Fehlhaltung gingen meine Knie vollends kaputt. Jetzt habe ich ein künstliches Kniegelenk, aber es ist nicht viel besser geworden. Ich werde immer breiter und dicker, denn ich kann mich nicht normal bewegen. Die Wirbelsäule und die Hüfte sind auch lädiert. Aber ich gebe nicht auf und arbeite hart daran, alles wieder ins Lot zu kriegen.

Beruflich möchte ich mich noch weiterbilden. Nach meiner Ausbildung zur Fusspflegerin eröffnete ich ein eigenes Studio, wovon ich gut leben kann. Vielleicht lerne ich noch Fussreflexmassage. Und den Führerschein möchte ich machen. Auch ein Computerkurs wäre eine schöne Sache.

Gegen das Heiraten wäre ich selbst heute nicht, trotz der schlechten Erfahrungen, aber ich glaube, ich bin schwierig. Männer mögen keine selbstständigen Frauen. Zum Frauchen am Herd eigne ich mich nicht. Kochen kann ich, musste ich können, denn nach der Arbeit bereitete ich das Essen für meine Kinder zu und spezielle Menüs für meine Mutter, weil sie kein Salz essen durfte. Seit ich alleine lebe, macht mir aber das Kochen keinen Spass mehr.

An den Männern gefällt mir ihr handwerkliches Können. Sie sind irgendwie strebsamer als wir Frauen und können sich besser durchsetzen. Ich habe mir schon viele Male vorgenommen, etwas durchzuziehen, bin aber auf der halben Strecke abgestürzt. Das Zusammenleben mit einem Mann hat auch seine Vorteile. Man kann vieles gemeinsam unternehmen. Die Interessen wachsen mit dem Zusammensein. Wenn man alte Ehepaare betrachtet, wird einem schon wehmütig ums Herz.

Die können sich oft wortlos ansehen und wissen, was der andere meint.

Es wäre schön, wenn man manchmal all die Verantwortung einem Partner übergeben könnte. Man wäre nicht immer auf sich selbst gestellt und hätte jemanden zum Anlehnen. Das Sexuelle hat auch seine angenehmen Seiten. Mit einer Freundin tanzen zu gehen ist doch ganz was anderes, als wenn ich das mit einem Mann mache.

Viele behaupten, ab einem gewissen Alter hätten wir Frauen keine Chance mehr, den passenden Mann zu finden. Das glaube ich nicht, denn wenn man direkt auf jemanden zugeht, könnte sich daraus schon etwas Positives entwickeln. Seit zwanzig Jahren lebe ich nun alleine, ich ziehe so mein eigenes Ding durch und suche nicht, drehe mich nicht mehr, wie früher, nach den Männern um. Akut sind meine Arbeit und meine Gesundheit. Darum kreisen meine Gedanken. Dennoch fühle ich mich für Erotik nicht tot gestellt. Während des Grossziehens meiner Kinder und durch die Anwesenheit meiner Mutter hätte ein neuer Mann gar keinen Platz gefunden in unserer Wohnung. Der wäre rein- und sofort wieder rausgerannt. Selbstverständlich könnte ich mir auch einen Mann mit Kindern vorstellen. Ab 35 Jahren kann man nicht erwarten, dass er keine Vita mitbringt. Das wäre nicht gerecht.

Heute wird man als Single-Frau im Ausgang nicht mehr diskriminiert. Das war früher der Fall. Oswald Kolle, der Sex-Aufklärer der Nation, hat dazu einiges beigetragen. Unehrlichkeit verabscheue ich. Dem Partner etwas vorzumachen ist unfair.

Wenn ich die natürliche Begabung hätte, würde ich gerne schreiben können. Das zu Papier bringen, was meine Mutter, ich oder andere erlebt haben. Es ist erstaunlich, wie das Leben so spielt. Meine Einbürgerung ergäbe zum Beispiel schon Stoff für eine Geschichte. Als ich 1987 die Einbürgerung beantragte, musste ich angeben, weshalb. Ich schrieb: «Da ich Deutsche bin, möchte ich meine deutsche Staatsangehörigkeit.» Die Beamtin fuhr mich an: «Was ist denn mit Ihnen los? Sie sind doch hier, um den Status einer Deutschen, was Sie bis anhin noch nicht waren, erst zu bekommen.» «Nein, meine Mutter war Deutsche, und ich bin deutsch erzogen worden!», antwortete ich. Sie entgegnete: «Aber Blut ist dicker als Wasser. Ihr Vater war

Ungare.» Ich erklärte ihr: «Das ist absoluter Blödsinn. Als meine Eltern heirateten, lebten sie in der ehemaligen DDR. Uns Kindern wurde die Staatsangehörigkeit nach unserer Mutter gegeben. Doch Mutters Papiere wurden vom Standesamt zurückbehalten. Mein Vater ist in Deutschland geblieben und auch hier verstorben; er lebte hier seit 1936 bis zu seinem Tode 1987. Auch er hätte längst eingebürgert werden sollen. Wie viele Polen. Ungarn und Polen liegen nicht weit auseinander. Wie haben die Polen denn das geschafft?» Darauf konnte mir die Beamtin keine Antwort geben. Ich habe dann alles fallen lassen. Typisch: Plötzlich verliere ich die Geduld und denke, ach, es hat doch alles keinen Sinn! Nach dem Mauerfall 1989, als die Grenzen geöffnet wurden, war es auch für die schon längst im Westen lebenden Bürger Pflicht, ihre Staatsangehörigkeit zu regeln.

1990 habe ich nochmals einen Versuch gestartet. Es wurde mir gesagt, ich müsste klären, woher ich wirklich stamme. Wenn ich dies nicht könne, würde ich ausgewiesen in meine «Heimat» (nach Ungarn). Ich sollte ein Formular, wo all dies schriftlich festgehalten wurde, unterschreiben. Ich erwiderte: «Sagen Sie mal, ticken Sie nicht richtig? Sie wissen, dass ich hier geboren bin. Das ist mein Heimatland! Und hier bleibe ich auch! Sie wollen, dass ich das unterschreibe? Das ist eine Frechheit.» Letztendlich habe ich doch unterschrieben! In meiner Not wandte ich mich an Barbara John, die Ausländerbeauftragte, und an einen Anwalt. Es war ein totales Chaos, kostete mich Nerven und brachte mir Schulden ein. 1991 habe ich endlich die deutsche Staatsangehörigkeit erhalten.

Single-Menschen wie ich können egoistisch werden. Man muss ja nichts teilen, kann alles machen, was man will. Viele sagen, das ist wunderbar. Doch – Alleinsein motiviert mich nicht zum Kochen oder einen Weihnachtsbaum zu schmücken. Die Seele lebt von Anerkennung, sonst verarmt sie. Jeder hat so seine Geschichte. Ich bereue nichts, doch es wäre Selbstbetrug, wenn ich mir vormachen würde, dass mich mein Single-Dasein erfüllt.

Aufgezeichnet von Irène Hubschmid

Marthe (*1917)
Pionierin der Schweizerischen Frauenbewegung für die Gleichstellung der Frau in der Gesellschaft und im Staat

«Das Gewissen verpflichtet.
Man muss es einfach aushalten,
wenn über einen geredet wird.»

Die Gesellschaft, in welche man hineingeboren wurde, prägt. Mein Vater war Bauer und engagierte sich in der konservativen Bauern- und Bürgerpolitik. Meine Mutter dagegen war eher fortschrittlich und sehr sozial eingestellt. Das hat auf meinen Vater abgefärbt. Sie war Mitglied beim Berner Frauenstimmrechtsverein. Schon als Mädchen realisierte ich, dass Mädchen anders behandelt wurden als Knaben. Es war selbstverständlich, dass nur die Mädchen abtrocknen mussten. Buben durften nicht weinen; das galt als unmännlich. Es war auch klar, dass die Buben nach der Schule eine Lehre absolvieren oder studieren konnten. Diese Möglichkeiten standen den Mädchen, auch wenn sie sehr begabt waren, nur in beschränktem Rahmen offen. Viele ledige Frauen mussten einen Bruder finanziell unterstützen und konnten ihm damit beispielsweise ein Studium ermöglichen. Von anderen, gerade in bäuerlichen Betrieben, wurde erwartet, dass Mädchen durch Mithilfe auf dem Hof zum Lebensunterhalt der Familie beitrugen oder die Pflege ihrer Eltern übernahmen, wenn die alt geworden waren.

Der Wunsch nach Gleichberechtigung zwischen Mann und Frau war für meine Mutter sehr zentral. Sie störte sich an Ungerechtigkeiten, und obwohl mein Vater kein Macho war, war er beeinflusst von seiner Zeit. Meine Mutter hatte ziemlich viel Vermögen in die Ehe eingebracht. Als sie einmal Geld abheben wollte, verlangte der Bankbeamte die Vollmacht ihres Mannes. Ich erinnere mich, wie sie wutentbrannt nach Hause kam. Vater hatte gar nicht realisiert, dass er die Vollmacht hätte in das Bankbüchlein legen sollen. Von Rechts wegen war es so, dass der Mann die totale Verfügungsgewalt über das Vermögen der Frau hatte. Das war eine grosse Problematik. Viele Männer gingen – ohne Unterschrift der Ehefrau – Bürgschaften ein. Wenn sie zahlen mussten, geschah das oft mit dem eingebrachten Geld der Frau. Viele Familien gerieten deswegen ins Elend. Dagegen begannen sich die Frauen zu wehren. In jahrelanger Arbeit und mit Hilfe fortschrittlich gesinnter Männer schafften sie es, dass dieses Gesetz in den Vierzigerjahren aufgehoben wurde.

Der Mythos der Minderwertigkeit der Frauen wurde sehr lange gepflegt. Im Buch «Der physiologische Schwachsinn des Weibes» schrieb Paul Julius Möbius anno 1900 einen vielbeachteten wissenschaftlichen Diskurs, der die weibliche Geistlosigkeit medizinisch zu begründen suchte. Aussagen wie «Frauen können es von ihrem Wesen her nicht ...» wirkten noch jahrzehntelang auch im Lehrbereich nach. In den oberen Klassen unterrichteten ausschliesslich Männer.

Nach der Schulzeit trat ich in Neuenburg in ein Pensionat ein, um Französisch zu lernen. Danach durfte ich zwei Jahre lang die Diplomklasse der Höheren Mädchenschule der Stadt Bern im Monbijou besuchen. Es war meinen Eltern wichtig, dass ich mit einer guten Allgemeinbildung auf das Leben vorbereitet wurde mit breitgefächertem Wissen: Sprachen, Buchhaltung, Stenografie, Maschinenschreiben und Kunstgeschichte. Im Pädagogikunterricht verrichteten wir jede Woche auch praktische Arbeit in einer Kinderkrippe. Unsere klugen Lehrerinnen, die sich mit viel Engagement für die Bildung der Mädchen einsetzten, lebten den Feminismus im Alltag. Sie blieben ledig – verheiratete Lehrerinnen mussten aus dem Schuldienst ausscheiden. Ihr Einsatz für die Bildung muss man den Pionierinnen der schweizerischen Frauenbewegung hoch anrechnen. Schon früh erkannten sie, dass nur mit Bildung, Bildung und nochmals Bildung etwas erreicht werden kann. Sie engagierten sich auch für die Anerkennung der Hausarbeit als Beruf.

Handarbeiten waren nicht mein Ding. Als ich wegen eines Lungenleidens mein Schulpensum reduzieren musste, liess ich mich gerne von diesem Fach dispensieren. Dafür musste ich nach einem kurzen Aufenthalt im Sanatorium im sogenannten «Fadengymnasium» einen Weissnähkurs absolvieren. Im Hinblick auf eine Aussteuer wäre das sicher nützlich gewesen. Aber ich wollte Sprachen studieren und noch viel dazulernen.

Meine nächste Station war das Kurhaus Sennrüti in Degersheim. Dort lernte ich, wie man serviert. Für monatlich 30 Franken und Kost und Logis arbeitete ich ein paar Monate von morgens um 6 bis um halb 9 Uhr abends. Zusammen mit einer Angestellten bereitete ich unter anderem mehrmals täglich sechzig Rohkostteller für die Patienten vor. Die Leiterin war sehr vom Monte Verità beeinflusst, von wo aus die vegetarische Kost in der Schweiz Verbreitung fand. Wir arbeiteten in einem Keller mit Steinboden, was mir ein Beinleiden bescherte. Trotzdem war dies eine sehr lehrreiche und gute Zeit.

Wie viele meiner Zeitgenossinnen reiste auch ich zur Weiterbildung nach England. Im Jahre 1937 besuchte ich zuerst eine Sprachschule, danach arbeitete ich als Au-pair-Girl bei einer sympathischen Bankiersfamilie. Eine meiner Hauptaufgaben war, den Kindern der Gastgeberfamilie Französisch beizubringen. Es war mein erster Auslandaufenthalt. Unsere Klassenlehrerin im Monbijou hatte uns auf Gefahren bei Auslandaufenthalten hingewiesen. Dass Mädchenhandel in jener Zeit eine grosse Gefahr darstellte, erfuhr ich Jahre später beim Nachlesen der Archivarien von Mrs. Ellis Däpp, einer gebürtigen Schweizerin. Viele Mädchen, auch solche aus der Schweiz, waren in Folkestone festgehalten worden, weil angeblich etwas mit ihrem *Permit* nicht stimmte. Mit diesen Ratlosen hatten die Mädchenhändler ein leichtes Spiel. Mrs. Däpp, die jeden Tag, wenn ein Schiff vom Kontinent ankam, hinging, rettete viele Mädchen, indem sie sich ihrer annahm. Sie wurde später dafür von der englischen Königin geehrt.

Leider musste ich 1939 wegen des drohenden Kriegsausbruchs in die Heimat zurück. Ich war 22, als der Krieg ausbrach. Weil in der Heimat die Männer ins Militär einrückten, mussten die Frauen überall einspringen. Über meine Schwester, die als Sekretärin im Militärdepartement für Bundesrat Minger in Bern arbeitete, fand ich eine Stelle in der Abteilung Presse und Rundfunk des Armeestabes. Danach arbeitete ich in der Inselspitalbibliothek und war bei der Ortswehr in der Sanität eingesetzt.

Wegen seines Rheumatismus musste mein Vater seinen Beruf schon früh aufgeben, und er übergab unseren Bauernhof einem Pächter. Hätte ich einen Bruder gehabt, wäre er wohl traditionsgemäss nachgerückt. Aber da wir zwei Mädchen waren und weder meine ältere Schwester noch ich Interesse zeigten, den Hof zu übernehmen, blieb die Bewirtschaftung des Hofes fortan in den Händen von Pächtern. Wir blieben weiterhin auf dem Gut wohnen. Meine Mutter, meine Schwester und ich wussten gut Bescheid über Vaters Aufgaben und Diskussionen über politische Themen gehörten ebenfalls zu unserem Alltag. Im Laufe der Zeit übernahmen wir Dinge, die Vater nicht mehr erledigen konnte. Mit dem Besuch von Kursen bereitete ich mich auf die Gutsverwaltung vor. Ich lernte beispielsweise, wie man den Wald bewirtschaftet und Leute dafür organisiert. Nach einem Kurs beim Bienenzüchterverein kümmerte ich mich auch um Vaters Bienen.

Die grosse Arbeitsbelastung konnte ich nur bewältigen, weil mir das tägliche Ausreiten vor oder nach der Arbeit einen wichtigen Ausgleich bot. Schon seit frühester Kindheit gehörte meine besondere Liebe den Pferden. Besonders stolz war ich, wenn ich meinem Grossvater helfen durfte, mit dem Pferd die Kartoffelfelder zu pflügen. Der Vater meiner Mutter wohnte nicht sehr weit von uns entfernt auf seinem eigenen Hof. Er ist der Einzige meiner Grosseltern, den ich persönlich kennengelernt habe.

Als ich 28 Jahre alt war, ging der Krieg zu Ende. Meinen Plan, wieder ins Ausland zu gehen und weitere Sprachen zu lernen, hatte der Krieg zunichte gemacht. Dafür erhielt ich eine grosse Chance und konnte – mit Unterbrüchen – ganze zwölf Jahre auf der US-Botschaft in der Abteilung Presse und kulturelle Beziehungen arbeiten. Ich lernte den Umgang mit der Presse von der Pike auf und erlebte die Anfänge des Schweizer Fernsehens. Es war eine spannende und lehrreiche Zeit. Die ersten Testfilme und Wochenschauen gelangten über die Botschaften zum Fernsehen und ins Kino. Mein Vorgesetzter band mich überall ein, auch in die Public Relations der Filmabteilung. Den Amerikanern und ihrer Unterstützung verdanke ich sehr viel. Mit meiner Schulbildung wäre ich in einem Schweizer Betrieb niemals so weit gekommen.

Mein Vater starb 1957. Als ein paar Jahre später die Autobahn gebaut werden sollte, ging ein jahrelanges Seilziehen los. Wir wurden gezwungen, Land abzutreten. Stück um Stück mussten wir uns von dem Land trennen, auf dem meine Eltern Getreide, Kartoffeln angebaut und Milchwirtschaft betrieben hatten. Das hat mich alles sehr absorbiert, aber auch interessiert. Bei den Verhandlungen mit den Behörden war ich meistens die einzige Frau.

Gerne wäre ich dem FHD (Frauenhilfsdienst) beigetreten, aber das war nicht möglich, weil meine Mutter krank wurde. Die Ausbildung im Militärdienst galt als eine Art Schule der Nation. Es gab noch keine Kader- und Managerschulen wie heute. Das Führen lernten die Männer im Militär. Der Dienst war ein Karrieresprungbrett, und viele bauten dort ihr Netzwerk auf.

Ledige Frauen wurden mit «Fräulein» angesprochen, damit man wusste, dass wir noch zu haben waren. Ledigsein war für mich kein Problem. Man muss sich irgendwann einmal entscheiden, was für einen stimmt. Wahrscheinlich hätte ich mich gar nicht für die Ehe geeignet. Im Laufe meines Lebens habe ich viele gute Männer kennengelernt. Aber im Grunde meines Herzens hätte ich mir mit keinem eine Ehe vorstellen können, obwohl es unter meinen Freunden durchaus liebenswerte, höfliche und nette Männer gab. Der Aufenthalt in England hatte bei mir seine Spuren hinterlassen. Das ist möglicherweise eine oberflächliche Betrachtungsweise, aber mir gefiel, wie die Engländer mit den Frauen umgingen. Sie schienen mir zuvorkommender und aufmerksamer als die Männer meiner Heimat.

Die meisten meiner ehemaligen Schulkolleginnen richteten ihr Leben auf die Gründung einer Familie ein. Viele nahmen eine Stelle an, *en attendant un mari*. Obwohl Heiraten das zentrale Thema in ihrem Leben war, gingen viele völlig unaufgeklärt in die Ehe. Blieb eine unverheiratet, mutmasste man gerne: Die hat wohl keinen bekommen! Über 30-jährige ledige Frauen nannte man bis weit in die Sechzigerjahre hinein «alte Jungfern». Darüber musste ich mich halt hinwegsetzen. Heute sehe ich ganz klar, dass ich all das, was ich machen wollte, niemals hätte realisieren können, wenn ich verheiratet gewesen wäre.

Schon während der Zeit, als ich auf der Botschaft arbeitete, mich um die Bewirtschaftung unseres Hofes kümmerte und mich mit den Behörden herumschlug, beschäftigte ich mich intensiv mit Frauenthemen. Es gibt kein eigentliches Schlüsselerlebnis, das mich dazu führte, mich immer mehr in der Frauenbewegung zu engagieren, eher viele kleine Erlebnisse, Ungerechtigkeiten und Beschränkungen, die wir Frauen im Alltag zu spüren bekamen. Vielleicht habe ich meine kämpferische Natur, meine soziale Ader von meinen Vorfahren mitbekommen. Von meiner Urgrossmutter mütterlicherseits, die 91 wurde, zwei Ehemänner überlebte und am Schluss mit einem Meisterknecht ihren Bauernhof bewirtschaftete, erzählte man, sie habe Stumpen und Pfeife geraucht! Als Frau alle männlichen Muster zu leben strebte ich dagegen nicht an. Es war und ist mir heute noch wichtig, meine eigene Bewertung der Dinge, den weiblichen Blickwinkel einzubringen.

Frauen meiner Zeit konnten, wenn sie beispielsweise einen Arzt heirateten, ihren Status verbessern. Sie wurden mit dem Titel ihres Mannes angesprochen und kamen über die Heirat zu einer besseren Stellung in der Gesellschaft, als wenn sie irgendwo gearbeitet hätten. Doch oft verloren sie, wenn ihr Mann vor ihnen starb, ihren Status.

Mit der Heirat übernahm der Mann automatisch die Verfügungsgewalt über das ganze Vermögen. Heiratete eine Frau einen fairen Mann, war das kein Problem, aber sonst … Insofern waren die Ledigen in einer besseren Position. Sie konnten immerhin über ihr eigenes Geld verfügen. Erst mit einer besseren Berufsausbildung kamen die Frauen weiter und wurden unabhängiger.

Starb der Mann, hatte die Frau Anrecht auf das sogenannte Frauengut, das in die Ehe eingebrachte Vermögen. Im Kleingewerbe lebten die Angestellten oft mit der Arbeitgeberfamilie zusammen. Neben ihrer Mitarbeit im Betrieb versorgte die Ehefrau ausserdem diese sogenannten Kostgänger. Wenn sie Pech hatte, starb ihr Mann vor ihr, und sie erhielt gerade soviel, dass sie noch davon leben konnte. Auf mehr hatte sie keinen gesetzlichen Anspruch. Der Rest ging an die Nachkommen. Ich beobachtete immer wieder, wie verheiratete Frauen gewöhnlich mehr von ihrer Eigenständigkeit abgaben als die Männer; es wurde ihnen mehr weggenommen als umgekehrt.

Nach dem Krieg wurde das Klima allgemein konservativer. Nach den harten Jahren, als die Schweizer Männer im Dienst waren, stand die Familie wieder im Mittelpunkt. Die Ideologie war: Die Frau gehört ins Haus und sie muss eine dienende Position gegenüber den Männern einnehmen. Um Gegensteuer zu geben, gründeten die Frauen die Arbeitsgemeinschaft «Frau und Demokratie» und leisteten Aufklärungsarbeit. Wie schon vor dem Krieg forderten sie die Gewährung der politischen Rechte, unter Verweis auf die geleisteten Dienste, wie die gesamte Sozialfürsorge während der Kriegsjahre, da die Schweiz damals noch keine Sozialversicherungen kannte. Einmal mehr mussten sie wieder von vorne anfangen! Erklärtes Ziel war eine Ergänzung statt der Gleichmachung beider Geschlechter, die Zusammenarbeit von Frauen und Männer zum Wohle aller. Mitreden wollen, wie es 1948 in der Bundesverfassung festgelegt wurde: Alle Menschen sind vor dem Gesetz gleich. Die Schweizer Frauen fragten sich, ob sie da nicht mitgemeint waren. Während im ganzen Land zum 100-jährigen Bestehen der Bundesverfassung die «Schweiz, ein Volk von Brüdern» gefeiert wurde, erklärten die Frauenverbände es zu einem «Volk von Brüdern ohne Schwestern» und überreichten dem Bundesrat symbolisch eine Europakarte mit einem schwarzen Fleck in der Mitte.

In den Fünfzigerjahren beriefen sie sich zum ersten Mal auf die Menschenrechtsdeklaration, die geschlechtliche Diskriminierung verbietet. Linke Kreise versuchten vergeblich, das Stimmrecht via Neuinterpretation der Bundesverfassung durchzusetzen. Ihr Vorstoss scheiterte 1951 im Parlament.

In unserem Archiv ist nachzulesen, wie sich die Frauenbewegung wieder auf ihre alten Strategien besann. Sie weibelte bei einflussreichen Männern für ihre Anliegen. Die Mitglieder unserer Bewegung, von denen einige auch der staatsbürgerlichen Gesellschaft angehörten, erkannten, dass sie sich für die Überzeugungsarbeit an der Basis tarnen mussten. Beispielsweise gründeten sie im damaligen Agrarkanton Bern die «Arbeitsgemeinschaft für die Mitarbeit der Frau in der Gemeinde». Mit diesem harmlosen Namen, wohlüberlegt das Reizwort «Frauenstimmrecht» ausklammernd, erregten sie keinen Verdacht, aufrührerische Feministinnen zu sein. So konnten sie, in Zusammenarbeit mit den Gemeinden, Kurse durchführen, zur Vorbereitung der politischen Mitarbeit der Frauen. Dieses Vorgehen wurde akzeptiert und weckte das Verständnis für unsere Anliegen. Ausserdem verfassten sie unzählige Petitionen und Eingaben zu Rechts- und Versicherungsfragen, wie Schwangerschaftsabbruch, Sozialversicherung, Mutterschaftsversicherung, auch zur Totalrevision der Bundesverfassung. Ihre Anregungen bei Gesetzesrevisionen wurden zwar zur Kenntnis genommen, aber üblicherweise mussten die Ideen schlussendlich von den Männern vorgestellt und unterstützt werden, damit sie aufs politische Parkett gehoben und umgesetzt wurden!

Auf nationaler Ebene kam Bewegung in die Stimmrechtsdebatte, als der Zivilschutz reorganisiert wurde und der Plan war, die Frauen miteinzubeziehen. Doch die wollten ohne politische Rechte keine politischen Pflichten übernehmen. Erstmals kam eine eidgenössische Abstimmung auf die politische Agenda.

Dann trat eine Frau auf den Plan, Iris von Roten, die radikalere Veränderungen in der Gesellschaft forderte: einen Beruf, finanzielle Selbstständigkeit, eine offene Ehe. All das hat sie gelebt. Der alten Frauenbewegung stand sie skeptisch gegenüber, es ging ihr alles viel zu langsam. 1958, kurz vor der ersten eidgenössischen Abstimmung über das Frauenstimmrecht, publizierte sie ihr Buch «Frauen im Laufgitter», das hohe Wellen warf. Es enthielt viele Argumente, die vom Frauensekretariat bereits früher zusammengetragen wurden, aber schärfer formuliert. Sie forderte neu: freie Liebe und selbstbestimmte Mutterschaft. Die Frauen der Frauenbewegung distanzierten sich von diesem Buch. Nicht ganz freiwillig, sondern auf Druck der Männer. Mit ihrem radikalen Ton hatte Iris von Roten Öl ins Feuer gegossen und den Gegnerinnen des Frauenstimmrechts Wind in die Segel geblasen. Die Frauenbewegung musste sich aus taktischen Gründen zurückziehen, um das Ziel nicht aus den Augen zu verlieren. Ich habe selber vielfach erlebt, was es heisst, wenn man aneckt und angegriffen wird. Schwierig auszuhalten, doch manchmal bekommt man auf lange Sicht Recht.

1959 fand die erste Abstimmung über das Frauenstimmrecht auf nationaler Ebene statt. Alle europäischen Staaten, mit Ausnahme von Liechtenstein und Andorra, hatten es bereits eingeführt. Zwei Drittel der Schweizer Männer sagten Nein. Eine herbe Niederlage für die Frauen. Aber sie liessen sich nicht entmutigen. Immerhin hatten die Ja-Stimmen bei dieser Abstimmung wesentlich zugenommen. Die Frauen ergriffen die Gelegenheit, über den Fortschritt zu berichten und ihre Ziele weiterzuverfolgen.

Von 1964 bis 1968 präsidierte ich den bernischen Frauenstimmrechtsverein und betreute die Abstimmungskampagne, die dem Frauenstimmrecht auf Gemeindeebene im Kanton Bern zum Durchbruch verhalf. Meine Erfahrungen mit den Medien kamen mir dabei sehr zugute. In den folgenden Jahren übernahm ich das Vizepräsidium des «Bundes Schweizerischer Frauenvereine» (BSF) und vertrat diesen in verschiedenen Kommissionen in Diskussionen über einen gerechten Sozialstaat, die Gesamtverteidigung und den Bildungs- und Wirtschaftsstandort Schweiz. Ausserdem engagierte ich mich in ausserparlamentarischen Kommissionen bei Themen, die mich als Bauerntochter interessierten: beim Kartoffelimport/-export, bei der Gemüseunion und bei der Obstverwertung.

Ende der Sechzigerjahre brodelte es in Europa. Neben den Studenten, die 1968 gegen die bürgerliche Gesellschaft rebellierten, trat auch eine neue Frauengeneration auf den Plan. Mit radikalen Ideen. Sie protestierten mit Häuserbesetzungen und Demonstrationen. Der Druck auf die Politik nahm zu. Die Frauen wollten nicht mehr akzeptieren, dass ohne sie politisiert wurde. Der Feminismus wurde zu einem Schimpfwort. Dabei bedeutet es, den Blickwinkel der Frau in alle Bereiche der Gesellschaft einzuführen und nicht in erster Linie zu demonstrieren. Der berühmte Marsch nach Bern vom 1. März 1969, organisiert von den 68er-Frauen, war nur ein Mittel – ein militantes – um vorwärts zu kommen. Parallel dazu wurden die Schweizerischen Frauenverbände für die politischen Rechte der Frau, die sich mit Beharrlichkeit für die gleichen Ziele eingesetzt hatten, endlich zu Gesprächen mit dem Bundesrat eingeladen.

Im Zivilrecht, der Bildung und der Gleichstellung musste noch viel Basisarbeit geleistet werden, um die Leute zum Umdenken zu bringen.

Es dauerte sehr lange, um in den Köpfen der Menschen etwas zu verändern, es fertigzubringen, dass sie freiwillig zu etwas Ja oder Nein sagten. Auch die Religion spielte eine grosse Rolle. Natürlich standen nicht alle Männer unseren Anliegen kritisch gegenüber. Viele Mitglieder unserer Bewegung führten eine gute Ehe und wurden von ihren Männern partnerschaftlich unterstützt. Freiwillig, denn gemäss Gesetz waren sie dazu nicht verpflichtet!

Seit Anfang des 20. Jahrhunderts gab es ein dichtes Netz von Frauenorganisationen. Nicht alle hatten emanzipatorische Ziele; sie deckten ein breites gesellschaftliches Spektrum ab, von links bis rechts, von aufmüpfig bis gemeinnützig. Viele lobbyierten informell für ihre Interessen oder offiziell, zum Beispiel als Mitglieder von Schulkommissionen. Die Männer überliessen den Frauen nur die Aufgaben, die als weiblich galten oder wenig prestigeträchtig waren. Schon früh bemühten sich die Frauen, ihre Arbeit und Leistungen für den Staat auf die Waagschale zu legen und dafür politische Rechte einzufordern. Immer wieder wurden Abstimmungen lanciert und verloren. Immer wieder von vorne anfangen zu müssen ist einer der Gründe, dass es so lange dauerte, bis die Frauen endlich ihre Ziele erreichten.

Bundesrat Wahlen – er wurde nach seinem Rücktritt 1965 unter anderem wegen seiner Teilnahme an Abstimmungskämpfen für die Einführung des Frauenstimmrechts angeschossen – hat es einmal auf den Punkt gebracht: Das Gewissen verpflichtet. Man muss es einfach aushalten, wenn über einen geredet wird. Die Hauptsache ist, dass man ein gutes Gewissen hat. Den Frauen wurde das schlechte Gewissen seit Generationen anerzogen. In der Welt, in der meine Mutter und auch ich aufgewachsen sind, war es üblich, dass sich Frauen sehr in ihrer Familie engagierten und dort ihren Platz fanden. Wer statt der Pflichten für die Familie etwas anderes wollte oder aus dem Schema der für Frauen angemessenen Muster ausbrechen wollte, musste sich dafür rechtfertigen oder galt als rebellisch. Wie stark dieses traditionelle Rollenbild verankert war, zeigte sich auch darin: Wenn ein Mann früher eine Stellung beim Bund hatte, passierte ihm nichts, auch wenn ihm Fehler unterliefen. Es hiess, er müsse seine Familie ernähren. Dabei spielten auch wirtschaftliche Überlegungen eine Rolle. Anderseits wurde von Lehrerinnen erwartet, dass sie nach der Heirat ihre Arbeit aufgaben, um als Doppelverdienerinnen ihre Stellen für andere freizugeben.

1970/71 präsidierte ich die Arbeitsgemeinschaft der schweizerischen Frauenverbände für die politischen Rechte der Frau. Als die Schweiz dem Europarat beitreten und der Bundesrat die Europäische Menschenrechtskonvention nur unter Vorbehalt unterzeichnen wollte, forderten die Frauen schweizweit lautstark das volle Stimm- und Wahlrecht auf allen Ebenen. Wir stellten uns den Argumenten der Gegnerschaft und mussten einiges einstecken. In der Abstimmungs-Broschüre standen Dinge wie: Die Frauen gehören ins Haus. Die Familie leidet darunter, wenn die Frauen politisieren. Die Frau kann dem Staat besser dienen, wenn sie ihre Söhne zu guten Staatsbürgern erzieht. Auch: Das Frauenstimmrecht vermännlicht die Frau und verweiblicht den Mann. Es untergräbt seine Stellung und Verantwortlichkeit. Der Mann handelt verstandesmässig, die Frau gefühlsmässig. Deshalb taugt sie nicht für die Politik. Politik ist ein garstig Ding – die Frauen sind zu gut dafür! Ich lernte in der Praxis, nicht einfach über die Gegnerschaft – darunter waren auch die «Gegnerinnen des Frauenstimmrechts» – hinwegzufahren, sondern zu analysieren: Wieso machen die das? Was ist ihre Motivation? Und daraus meine Schlüsse zu ziehen.

Vor der Abstimmung über das Frauenstimmrecht auf nationaler Ebene im Jahre 1971 befürchteten ein paar engagierte Frauen, es könnte nicht reichen, weil das Frauenstimmrecht noch in zu wenigen Kantonen eingeführt war. Deshalb wollten sie den Vorstoss im letzten Augenblick wieder zurückziehen und noch weitere kantonale Abstimmungen abwarten. Davon erfuhr ich erst, als ich beim zuständigen Bundesrat Ludwig von Moos wegen der Vorlage auf eidgenössischer Ebene antraben musste. Für eine Vernehmlassung unter den angeschlossenen Verbänden blieb jedoch keine Zeit mehr. Wir mussten es einfach riskieren, beschlossen, die Vorlage durchzuziehen und zur Abstimmung zu bringen. Am 7. Februar 1971 wurde das Frauenstimm- und -wahlrecht mit einem grossem Mehr von 65 Prozent Ja-Stimmen und ohne Gewalt eingeführt. Unsere Organisation hat wesentlich dazu beigetragen. Nach der Abstimmung trat eine der Gegnerinnen auf mich zu und bescheinigte mir: «Eine faire Gegnerin waren Sie immer.» Das freute mich, es zeigte Grösse und Fairness.

Der gemeinsame Kampf hatte uns geeint. Die alte Frauenbewegung setzte sich in den folgenden Jahren weiterhin für den Mutterschaftsurlaub ein. Die neue Frauenbewegung engagierte sich für weitere Anliegen, beispielsweise, dass die Männer in die Hausarbeit integriert und der Schwangerschaftsabbruch erlaubt wurde, etc.

Der lange Kampf hatte an meinen Kräften gezehrt. Im Alter von 54 zog ich mich erschöpft zurück, um neue Kräfte aufzutanken. Eine neue Lebensphase begann. Ich knüpfte dort an, wo ich stets einen Ausgleich zu meinem Engagement im Beruf und in der Frauenbewegung in schwierigen Zeiten gefunden hatte. Als junge Frau war ich Mitglied im Reitverein Bern, obwohl Frauen dort noch gar nicht so selbstverständlich willkommen waren. Doch ich durfte ein wunderbares Pferd reiten. Mit der Frau des Besitzers Fritz war ich gut befreundet. Mein erstes Pferd hatte ich im Alter von 36 gekauft und war dem Reiten treu geblieben. Mit dem Aufbau des ersten Zentrums der Schweiz für therapeutisches Reiten konnte ich in den Siebzigerjahren mein Hobby zum Beruf machen. Es war eine wertvolle Zeit und es tat gut zu sehen, was die Arbeit mit den Pferden bei den Patienten bewirkte. Wir arbeiteten mit den unterschiedlichsten Behinderten: mit Blinden, Autistischen, an Multiplesklerose Erkrankten, auch mit psychisch Kranken. Zwölf Jahre lang bot ich therapeutisches Reiten an, bis ich es aus finanziellen und gesundheitlichen Gründen ganz aufgeben musste.

Doch nachdem ich mich aus dem Berufsleben zurückzog, hatte das Leben noch eine weitere Aufgabe für mich bereit. Es fiel mir immer wieder auf, dass bei uns das Bewusstsein für die eigene Geschichte kaum vorhanden ist. Sogar in den eigenen Reihen. In den Jahren nach 1971 stellte sich den schweizerischen Frauenverbänden immer mehr die Frage, was mit dem Material und den Akten aus über 120 Jahren politischer Arbeit geschehen sollte. Als ich hörte, dass 1982 alte Akten der Frauenverbände entsorgt wurden, wusste ich sofort, das darf nicht passieren! Deshalb transportierte ich alle Archivalien eigenhändig von Zürich nach Bern. Was Frauen an Akten produzieren, wird in der Regel nicht aufbewahrt. Wenn alte Damen ins Altersheim ziehen, droht dieser ganze Nachlass entsorgt zu werden. Zwar werden in den kantonalen Staatsarchiven heute auch Dokumente archiviert, die früher mit «Das ist Frauenzeugs» abgelehnt geworden wären. Doch mit der Gründung der Gosteli-Stiftung in meinem Elternhaus in Worblaufen im Jahre 1982 konnte ich im «Archiv zur Geschichte der schweizerischen Frauenbewegung» Tausende von historischen Dokumenten und viele Nachlässe wichtiger Frauen, quasi das Gedächtnis der

Schweizer Frauenbewegung, vor dem Verschwinden retten. Das Archiv bildet die Basis, dass man alles rekonstruieren kann. Es ist die erste Adresse für Forscherinnen und Forscher für die Geschichte der schweizerischen Frauenbewegung. Bei der Arbeit für mein Archiv habe ich von fortschrittlich eingestellten Männern ebenso viel Unterstützung erfahren wie von den Frauen.

Das Archiv muss unabhängig bleiben – politisch und konfessionell und total offen für Wissenschaft, aber auch für individuelle Bürgerinnen und Bürger, damit sie sich umfassend informieren können. Es geht nicht an, dass wir uns nur von der Wissenschaft sagen lassen müssen, wie es gewesen sei. Wir besitzen eine grosse Sammlung von Biografien und biografischen Notizen, Nachrufen u.a.m. Die Frauenbewegung ist ja nicht nur eine Bewegung für das Recht. Die Chronistinnen haben Begebenheiten aus allen Lebensgebieten der Frauen registriert. Es ist phänomenal, was man in den Dossiers findet an Hinweisen und Fakten. Eine Sammlung aus Zeitungsausschnitten und Informationen über etwa 7500 Personen, gesammelt von Frauen, die Archivalien zusammengetragen haben, und aus Privatarchiven. Es gab immer viele gute und gescheite Frauen in unserem Land, von denen man offiziell nichts wissen wollte. Meistens werden immer die Gleichen in den Vordergrund gestellt. Dabei haben wir noch viele andere politisch kluge Frauen. Eine ganze Anzahl davon ist in meinem Buch «Vergessene Geschichten» verewigt, mit Fakten, die im Jahrbuch der Frauen schweizweit aufgeschrieben worden sind. Diese über tausendseitige «Illustrierte Chronik der Frauenbewegung» repräsentiert leider nur die Zeitspanne der Frauenbewegung von 1914 bis 1963. Sie beinhaltet Kurzbiografien, Texte, Fotos, auch viel über unsere internationale Vernetzung. Petitionen und Eingaben sind in über 1000 Schachteln archiviert. Wir haben auch eine Liste erstellt mit Frauen, die Pionierarbeit in den verschiedensten Gebieten geleistet haben. Frauen haben sich in der Öffentlichkeit nur selten geäussert – deshalb sind die Korrespondenzen so wichtig. Darin haben Frauen Dinge ausgedrückt, die sie nicht laut ausgesprochen hätten. Spannend sind auch die Tagebücher.

In dem 1991 publizierten Buch «100 Schweizer» gibt es ganze sieben Frauen! Darunter Regina Kägi-Fuchsmann (1889–1972), Frauenrechtlerin, Flüchtlingshelferin und humanitäre Aktivistin. Sie war am Aufbau der Frauenzentrale beteiligt und setzte sich für die Verbesserung der Arbeits- und Lebensbedingungen von Heimarbeiterinnen ein. Ausserdem war sie Gründerin des Schweizerischen Hilfswerks für aussereuropäische Gebiete, später Helvetas genannt. Neben fünf weiteren Frauen fand auch Johanna Spyri (1827–1901), Autorin der «Heidi»-Bücher, einen Platz in diesem Buch. Dabei ist es wichtig, den Finger auf diesen wunden Punkt zu halten. Die enorme Arbeit, die Frauen in der Gesellschaft leisten, ist immer noch zu selbstverständlich. Man sollte unbedingt einmal eine Nationalfondsstudie machen: über die Bedeutung der Arbeit der Frauen (auch von den organisierten). Heute lässt sich alles belegen; es gibt 300 Archive in der Gesellschaft. Ich habe dafür gesorgt, dass die Archivarien da sind. Aufarbeiten können das dereinst andere.

Die Arbeit der Frauenbewegung ist noch lange nicht abgeschlossen. Heutige Politikerinnen engagierten sich unter anderem dafür, Müttern den Wiedereinstieg in den Beruf zu erleichtern, indem ihre Lebenserfahrung durch die Erziehungsarbeit miteinbezogen wird. Es gibt immer noch viel zu wenig familienexterne Betreuungsplätze. Nicht nur in Erziehungsfragen ist die männliche Bewertung der Dinge immer noch viel stärker vertreten. Dort liegt der Hase im Pfeffer. Wieso sind die Suffragetten in Männerkleidern aufgetreten und haben sich aufgeführt wie Männer? Es war der einzige Weg, endlich zur Kenntnis genommen zu werden.

Trotz aller Fortschritte ist die alleinstehende Frau bis heute immer noch mehr benachteiligt als der alleinstehende Mann. Gleicher Lohn für gleichwertige Arbeit ist nach wie vor nicht Realität. Traurig, nicht nur in Anbetracht des Geldes (wie Sitzungsgelder in Kommissionen, die sich mit diesem Thema befasst haben), das bisher – ohne das Ziel wirklich zu erreichen – dafür ausgegeben wurde. Der Haken bei verheirateten Frauen ist, dass sie, genauso wie die Männer, einen anspruchsvollen Job nur dann ausfüllen können, wenn sie zu Hause auf eine gute Infrastruktur zurückgreifen können. Für viele ist es immer noch eine Gratwanderung, Familie und Berufstätigkeit unter einen Hut zu bringen. Männliche Werte sind auch heute noch vielfach vorherrschend. Weil das Mitspracherecht der Frauen in allen Bereichen erst spät gesetzlich geregelt wurde, ist es in den Köpfen vieler noch nicht angekommen. Das Verrückte ist, dass ich mich sogar selber dabei ertappe, manchmal in anerzogene, alte Muster zu fallen!

Am Anfang, als sie im Parlament sassen, wollten sie ständig über Frauenpostulate und Frauenanliegen sprechen. Aber wenn eine Frau in der Öffentlichkeit steht und ein politisches Amt ausübt, kann man nicht bei allem entschuldigen, dass sie eine Frau ist. Sie macht gleiche Fehler wie ein Mann.

Leider werden Leute, die Visionen haben oder etwas für unser Land tun wollen, oft angeprangert. Das ist zerstörerisch und kleinkariert. Es ist nicht verwunderlich bei dem katastrophalen politischen Bildungsstand, den wir haben, und das bis in die höchsten Ränge hinauf ... Das Schlimmste ist, dass vielen das grosse Denken, das Erkennen der Zusammenhänge oder des geschichtlichen Hintergrundes fehlt. Sie können nicht abwägen oder müssen darauf achten, dass sie in den Medien gut dastehen und wiedergewählt werden.

Wie ich heute feststelle, werden die Kriegsjahre von vielen Historikern aus einer sehr persönlichen Betrachtungsweise bewertet und zu Tatsachen erklärt. Im Buch «Anpassung oder Widerstand», geschrieben von Frau Dr. Alice Meyer, das ich wegen der Kritik an der Bergier-Kommission wieder hervorgeholt habe, ist die Kriegszeit aus Frauensicht so dargestellt, wie ich sie auch erlebt habe. In einer einfachen Sprache, ohne Beschönigung und aus einer anderen Perspektive als der sehr verbreiteten, wo man nur davon spricht, wie sich die Schweiz demütigen liess und sich angepasst habe.

Je näher das Ende kommt, umso mehr mache ich mir meine Gedanken. Ich wurde in meinem Leben oft kritisiert, was normal ist, wenn man sich exponiert. Auch konnte ich es nicht allen Leuten recht machen. Aber wenn ich Bilanz ziehe, was ich falsch und was ich richtig gemacht habe, bin ich zufrieden, meinen eigenen Weg gegangen zu sein.

Ich bin immer wieder guten Menschen begegnet, die mich weitergebracht haben. Lebenslange Freundschaften verbanden mich auch mit einigen meiner ehemaligen Klassenkameradinnen aus der Monbijou-Zeit. Wir waren eine wunderbare Klasse, unternahmen viel miteinander, organisierten Feste, veranstalteten Hausbälle und besuchten Studentenveranstaltungen. Bis vor ein paar Jahren trafen wir uns in regelmässigen Abständen und nahmen auch die Ehemänner in unserem «Club» auf.

Die Präsidentschaft der Gosteli-Stiftung habe ich vor Kurzem an einen Nachfolger abgegeben. Aber so lange es meine Kräfte erlauben, helfe ich immer noch mit, das Archiv aufzuarbeiten.

Aufgezeichnet von Lucette Achermann

Irina (*1943)
ehemalige Ordensfrau und Sekundarschullehrerin

Deine Flügel, Irina,
deine Flügel ...
sie sind zu Schwingen geworden
im Laufe der Jahre,
der 70 Jahre.
Gross, stark und so zart.
Stärke der Zartheit, ihre Schwingen.
Noch seid ihr nicht ausgewachsen.
NOCH nicht.

Ich wurde früh eingeschult. Kinder, die vor dem 1. Oktober zur Welt gekommen waren, konnten in die erste Klasse, mit solchen, die bis zu einem Jahr älter waren. Ich wurde am 29. September 1935 in K. in der Zentralschweiz geboren. Rückblickend ist mir klar, wie schicksalhaft diese – für mich zu frühe – Einschulung für den Verlauf meines Lebens war.

Bei Schulaustritt, nach der 3. Sekundar, war ich 15½ Jahre alt und wusste nicht, was ich werden wollte. Die Berufsberaterin meinte: «Ich habe schon bei deinem Hereinkommen gedacht, aus dir wird eine Lehrerin.» Gut, mein Vater war Lehrer, aber ich hatte nie daran gedacht, diesen Beruf auch zu ergreifen. Der Klassenlehrer fand, dass ich, nach den Aufsätzen zu schliessen, zwar gut schrieb, aber mir als eine der Jüngsten der Klasse die intellektuelle Reife für das Lehrerseminar noch fehlte. Meine Eltern hofften auf eine Berufsentscheidung meinerseits, aber ich wusste ja selber nicht, was ich wollte. Weiter zur Schule gehen, ja, das eigentlich schon, beispielsweise ins Welschland in ein Institut. Ich mochte Französisch sehr. Aber wir waren vier Kinder. Ich war die Zweitälteste von drei Mädchen mit einem Nachzügler-Bruder. Da lag das finanziell nicht drin. Die vielen Möglichkeiten von Überbrückungsangeboten, die wir heute kennen, gab es damals noch nicht.

Die Berufsberaterinnen waren stramme Frauen und vertraten die Ansicht: Mädchen müssten haushalten können. Das sei das Allerwichtigste. Meine Beraterin riet mir zu einem Haushaltjahr. Ich stimmte zu, ohne Begeisterung und unter der Bedingung, dass ich es nicht in K. absolvieren musste. Die Berufsberaterin konsultierte ihre Bieler Berufskollegin (Biel, weil eine Cousine meiner Mutter als St.-Anna-Krankenschwester dort wirkte). Ich kam in eine sehr angenehme Familie, lernte den Haushalt meiner Ansicht nach recht gut und fand am Ende des Jahres sogar, ich könnte doch Hauswirtschaftslehrerin werden. Heute schmunzle ich darüber. Für diesen Beruf hätte ich mich keinesfalls geeignet!

Meine Eltern waren froh über meinen Entschluss. So konnte man endlich die Zukunft planen. Für den Eintritt ins entsprechende Seminar musste man 18 Jahre alt sein. Wie meine ältere Schwester blieb ich nun ein Jahr zu Hause. Nur, sie hatte, um mit 18 ins Kindergärtnerinnen-Seminar einzutreten, während dieses Jahres viele Kurse als Vorbereitung für ihren Beruf besucht. Ich hingegen wollte das nicht. Was sollte ich denn zum Beispiel in der Frauenarbeits-Schule? Praktische Arbeiten interessierten mich ohnehin nicht brennend … Natürlich ging ich meiner Mutter in Haushalt und Garten an die Hand, half bei Nachbarn und Verwandten aus. Aber ich widmete mich vor allem dem Klavierspiel, dem Verfassen von Texten und hatte meinen Spass daran, Familie und Freundeskreis «kabarettistisch» zu unterhalten. Immerhin arbeitete ich während eines Monats – durch Vermittlung meiner Schwester – als Betreuerin in einem Kinderheim in Arosa.

Karriereplanung war damals für Mädchen noch unüblich. Solange man in die Schule ging, hatte man ein festes Programm. Nach der Schule fiel diese Tagesstruktur weitgehend weg. Der Ernst des Lebens begann und ich musste meinen eigenen Weg suchen. Doch erwies sich dieses Jahr als Schlüsseljahr meines Lebens. Der Wegfall belastender Pflichten und Zwänge ermöglichte eine innere Reife in grosser Freiheit. Philosophische und religiöse Fragen traten mit Vehemenz auf und beanspruchten mein ganzes Denken und Fühlen. Daraus erwuchs eine quälende Sinnkrise.

Ich war in eine katholische Familie hineingeboren worden. Mein Vater hatte gar ein Jahr Priesterseminar absolviert, dann aber gemerkt, dass dies nicht das Richtige für ihn war. Bei uns gab es viele religiöse Schriften und Bücher, in die ich mich, Antwort erhoffend, vertiefte. Eines bewegte mich vor allem: Wenn es diesen Gott gab, der laut Bibel und Heiligen-Geschichten zu den Menschen sprach und durch sie wirkte, warum geschah das heute nicht mehr? War dieser Gott von jeher bloss ein Wunschbild der Menschen? Wo lag denn der Sinn unseres Lebens, das mir, wenn ich die Menschen so beobachtete, banal und leer vorkam? Ich ging auf Distanz zu Kirche und Religion. Und doch spürte ich, dass noch etwas anderes, Grosses, geheimnisvoll in allem Wirkenden da war. Gerade das Allein-Wandern im tiefen Schweigen der Aroser Berge schenkte mir diese Ahnung.

Als ich mit meinem Vater zum Vorstellungsgespräch ins Hauswirtsseminar fuhr, fand die Leiterin, ich sei mit meinen 17½ Jahren zu jung für den Eintritt. Ich hatte keine Ahnung, was ich jetzt tun sollte. Zu Hause bleiben für ein weiteres Jahr kam nicht in Frage. Blieb der Ausweg ins Welschland, aber nicht in eine Familie.

Ich kam nach Montana in ein Kinderpräventorium für gesundheitlich angeschlagene Kinder und wurde den Buben im Alter von ein bis drei Jahren zugeteilt. Das gefiel mir ganz gut. Neben Kinderpflege lernte ich auch ein bisschen Französisch.

Walliser Ordensschwestern führten mit vielen Angestellten zusammen das Kinderheim. Einmal wurde uns ein dreitägiges religiöses Besinnungsseminar angeboten. Ich entschloss mich zur Teilnahme, zwar mit kritischer und reservierter Haltung. Vielleicht gabs ja eine Antwort auf meine so drängenden Fragen. Und tatsächlich, sie kam auf mich zu in einer Erfahrung, die sich nicht in Worte fassen lässt. Ein Berührtsein von der alles übersteigenden Liebe eines (des?) göttlichen Wesens zu mir ganz persönlich und zu allen Menschen war die Antwort auf meine Fragen nach dem Sinn des Lebens. Und was für eine Antwort! «Gott» ist anwesend in dieser Welt, durchwirkt sie mit seinem Leben. Alles hat einen Sinn. Es gibt keinen Unterschied zwischen «weltlich» und «religiös». In allem Schönen und Guten ist er/es/sie anwesend. Danach hatte ich gesucht. Diese Frage hatte mich bis zur Verzweiflung umgetrieben. Das gab meinem Leben die ganz grosse

Wende und den tiefen Sinn. Diesen «Gott» durch mein ganzes Leben hindurch immer besser kennenlernen, mit ihm zusammen auf dem Weg sein, das wollte ich fortan.

Und wieder das Problem der Berufswahl. Inzwischen war ich 18 geworden. Aufgrund der Erfahrungen im Kinderheim beschloss ich Säuglingsschwester zu werden. Hatte ich nicht in Montana eine Art Praktikum gemacht? Aber auch dieser Berufswunsch zerschlug sich. Ein Studienkollege meines Vaters, Kinderarzt von Beruf, sah in meinen ständigen Nebenhöhlen-Erkrankungen ein Hindernis. Heute denke ich, dass mir die nötige Begabung für diesen Beruf ohnehin fehlte!

Mein Vater bot mir nun an, doch noch ins Lehrerseminar zu gehen, er würde es mir bezahlen. Aber ich fühlte mich zu alt dazu; wollte nicht mit drei Jahre Jüngeren in der gleichen Klasse sitzen. Noch eine Schule besuchen, ja. Ein wenig «Bildung» wollte ich mir unbedingt noch holen. Dann halt als Notlösung eine Handelsschule, ein Vorgehen, das ich vorher immer verachtet hatte! Bald eigenständig im Erwachsenenleben stehen, mein Leben selbst in die Hand nehmen, darum ging es mir. Ich wählte eine zweijährige Schule in K., die von Ordens-Schwestern geleitet und uns von Bekannten empfohlen worden war.

Im Haus, dem auch ein kleines Internat angegliedert war, herrschte eine herzliche Atmosphäre. Die Schwestern gehörten einer italienischen Kongregation an, was für mein Empfinden ihre Gemeinschaft und die Atmosphäre im Haus bestimmte. Das Lernen fiel mir leicht. Vor allem taten es mir die sprachlichen Fächer Deutsch, Französisch und Englisch an, in denen, zu meiner Freude, für eine Handelsschule überdurchschnittlich viel Literatur geboten wurde. In der Stille lebte ich meine «Religiosität», meditierte jeden Tag, freute mich über Gottes Anwesenheit in der Natur, im Guten und der persönlichen Eigenart der Mitmenschen.

Im Verlauf des zweiten Jahres wuchs in mir die Gewissheit, dass das Leben in einer religiösen Gemeinschaft für mich das Richtige sei. Bisher waren für mich alle drei zivilen Stände (Ehestand, «Ledigen-Stand», Ordensstand) in Frage gekommen. Alle waren gleichwertig. Entscheidend war nur, dass man seinen persönlichen Weg ging, sobald man ihn als solchen erkannt hatte. Die Schwestern, wie ich sie erfahren hatte, lebten ihren Stand offener, grosszügiger, weitherziger, als mir dies von Schwestern in der deutschen Schweiz bekannt war. Die internationale Weite prägte. Ich hatte die innere Klarheit – mehr kann ich zu dieser Wahl nicht sagen –, dass da meine Zukunft lag.

Ich trat ein und verbrachte zweieinhalb Jahre im Noviziat in Rom, das dem Mutterhaus der Kongregation angegliedert war. Das Noviziat (Einübungszeit in das Leben einer religiösen Gemeinschaft) umfasste bei meinem Eintritt vierzig junge Frauen, die sich auf das Leben als Ordensfrauen vorbereiteten. Eine internationale Gruppe: der Hauptharst Italienerinnen aus Mittel-, Süditalien und Sizilien, einige Maltesinnen, je eine Französin, Engländerin, Irin, Amerikanerin und wir zwei Schweizerinnen. Die Umgangssprache war ausschliesslich Italienisch. Es ging fröhlich und lebhaft zu in diesem Noviziat. Die Kongregation hatte die Spiritualität der Jesuiten übernommen. Sie entsprach sehr stark meinem eigenen religiösen Empfinden: «Gott finden in allen Dingen»; auf der Suche bleiben nach dem Willen Gottes (wie man es damals ausdrückte), sich in diesem Sinn in einem bescheidenen Lebensstil in den Dienst der Menschen stellen. Dazu hatte ich mich schon längst entschieden. Nur etwas wollte ich nun gar nicht: «Apostolat betreiben», das hiess mit den Leuten von Glaube und Religion sprechen und sie bekehren wollen. Das passte nicht zu mir! Ich hätte auch nie Theologie studieren wollen. Wozu auch? Gott war da im Alltag.

Zurück nach K., ins Haus, wo ich zuvor Schülerin gewesen war. Ich wurde da und dort eingesetzt: im Internat mit Aufsichten, Abendgestaltungen, Spaziergängen und Ausflügen; dazu auch im Unterricht in verschiedenen Fächern (eine Zeit grossen Lehrermangels!), kurz, ein enormes Arbeitspensum, das ich nur mit Mühe zu bewältigen vermochte. Unterrichten ohne die nötige Ausbildung, das war für mich ein enormer Schock. Ich schickte mich drein, bereitete mich sorgfältig auf meine Lektionen vor und unterrichtete drei Jahre lang Deutsch, Geschichte, Italienisch und andere Fächer. Zum Glück half das väterliche Erbe gewaltig mit, und über die tägliche Praxis wuchs ich in den Lehrerberuf hinein.

In unserer Kongregation gab es weniger Vorschriften als bei anderen Ordensleuten, wo es undenkbar war, als Ordensfrau ein Kino oder Theater zu besuchen. Bei uns lag auch ein gelegentlicher Restaurantbesuch drin, wenn wir einen Ausflug unternahmen.

Junge Schwestern wurden immer auch in andere Häuser innerhalb der Kongregation versetzt, um Erfahrungen zu sammeln. So kam ich nach drei Jahren ins Internat in Fribourg. Hier wohnten trimester-, zum Teil auch halbjahresweise viele Ausländerinnen zusammen mit Deutschschweizerinnen, um Französisch zu lernen. Mir wurden in etwa die gleichen Aufgaben zugeteilt, wie in Schule und Internat in K. und ausserdem Französisch zu unterrichten. Ich traute es mir anfänglich kaum zu, und ich hatte ein schlechtes Gewissen den Schülerinnen gegenüber. Wieder musste ich mich sehr anstrengen, um den bestmöglichen Unterricht erteilen zu können.

Zu meiner grossen Freude bot mir die Hausoberin an, in Fribourg das städtische Lehrerinnen-Seminar zu besuchen. Bisher hatte ich wohl in K. einige Bildungskurse (beispielsweise für Deutsch-Unterricht, mit Diplomabschluss) besucht und mich daneben selbst mit Büchern weitergebildet. Doch ein breiteres Wissen fehlte mir noch. In zweieinhalb Jahren brachte ich das Seminar in Fribourg hinter mich. Eine kostbare Zeit! Ausserdem: Endlich musste ich bei Fortbildungsveranstaltungen nicht mehr Fragen ausweichen, welches Seminar ich besucht hätte und ob man denn so unterrichten könne?

Wieder gings zurück nach K. für weitere drei Jahre. Wieder war die Arbeit mit den jungen Mädchen wunderbar, einfach toll! – Ich gab leidenschaftlich gern Schule. Es ging mir darum, meine Begeisterung für gewisse Fächer, deren Schönheit weiterzugeben. Denn im Reichtum der Materien zeigte sich auch die Gegenwart Gottes. Es war eine Begeisterung für seine «Schöpfung».

Als die Oberin des Hauses mir vorschlug, an der Uni Fribourg noch das Sekundarlehr-Patent in sprachlich-geschichtlicher Richtung (phil. I) zu erwerben, sagte ich mit Begeisterung zu. Endlich studieren können!

Nach meiner Rückkehr nach K. wurden die Fragen zu unserem Lebensstil, die sich bereits Ende Lehrerinnenseminar zaghaft eingestellt hatten, immer hartnäckiger. Konnte man Jugendliche in Unterricht und damit einhergehend in Erziehung auf ein Leben vorbereiten, in welchem wir als Schwestern überhaupt nicht standen? Warum sollte man als erwachsene Frau nicht dürfen, was für andere in unserem Alter und Beruf selbstverständlich war? Führten wir nicht ein Leben, wie es den Frauen vor über fünfzig Jahren entsprach? In grösster Abhängigkeit? Das konnte doch nicht der Sinn des Gehorsams sein! Ich verglich mit Ordensmännern, die mit den gleichen Gelübden viel freier lebten. «Bei Männern geht das; bei Frauen ist's anders», hiess die stereotype Antwort auf meine Frage. – War nicht jede Generation verpflichtet, dem Leben ihren eigenen zeitgemässen Ausdruck zu verleihen?

Ich hatte beim Eintritt in die Kongregation geglaubt, die Mitglieder würden sich in der je persönlichen Suche nach dem «Willen Gottes» in allen Situationen ihres Lebens gegenseitig unterstützen. Ich musste aber feststellen, dass gewisse Oberinnen das Recht, jeweils den «Willen Gottes» für die Einzelne genau zu kennen, für sich in Anspruch nahmen. Wo blieben da die Eigenverantwortung und Entscheidungsfreiheit?

Zwar gab es nach dem 2. Vatikanischen Konzil (1962–1965) auch in den Klöstern einige Veränderungen. Man probierte vermehrt, eingefahrene Konflikte aufzuarbeiten, statt sie zu verdrängen. Neu für uns war das Taschengeld: 30 Franken pro Monat. Darüber mussten wir ein Ausgabenbüchlein führen. Das empfand ich als Bevormundung. Man braucht ja nicht immer nur Briefmarken, Zahnpasta und Seife.

Ich fühlte mich fremdbestimmt, sah meinen persönlichen Lebensweg bedroht durch zu viel «Selbstverleugnung». Meine jahrelangen Versuche, zusammen mit Mitschwestern, mehr Weite und Öffnung in die Gemeinschaft zu bringen, scheiterten wohl am Problem «neuer Wein und alte Schläuche».

Unsere Schülerinnen genossen im Alltag viel mehr Freiheiten als wir. Für jede Kleinigkeit mussten wir um Erlaubnis bitten, sogar für einen Spaziergang galt es, eine Bewilligung einzuholen. Ich spürte, dass ich in meinem Ordenskleid nicht mich selber war, und störte mich, dass man mit mir anders redete, nur weil ich über mein Gewand als Ordensfrau wahrgenommen wurde.

Die Frage, ob ich da noch hineingehörte, stellte sich mir immer drängender. Wie nach aussen noch zu dieser Lebensform stehen? Nach meiner Überzeugung hatte sie mit der enormen Entwicklung der Gesellschaft und der neuen Stellung der Frau nicht Schritt gehalten.

Zermürbende Jahre des Zweifelns, des Verdrängens und Wiederaufgreifens der Frage begannen. Es ging letztlich um die existenzielle Frage meines Lebens. Die Bibelstelle Gen 12, 1–5: «Der Herr sprach zu Abram: Zieh weg aus deinem Land, von deiner Verwandtschaft und aus deinem Vaterhaus in das Land, das ich dir zeigen werde ... Da zog Abram weg ...» liess mir keine Ruhe mehr. Dass «Gott» mir dieses andere Land zeigen würde, davon war ich überzeugt. Aber musste ich wirklich gehen? Depressionen stellten sich ein, denn auch das Arbeitsmass war ins Unerträgliche gestiegen. Schliesslich anerbot mir die junge Provinzoberin (Verantwortliche für alle Häuser der Schweizer Provinz), ein Jahr auszusetzen, da ich einem Zusammenbruch nahe war (heute würden wir von Burnout sprechen).

Mit 47 verliess ich unser Haus in K. Ich kannte den Leiter des Jesuiten-Bildungshauses in der Westschweiz und wusste um seine herzliche Aufnahmebereitschaft *(son esprit d'accueil)* für Menschen in einer schwierigen Lebensphase. Von ihm hatte ich die Zusage erhalten, für ein Jahr – so meine Anfrage – in seinem Haus verbringen zu können und mit etwas praktischer Arbeit Kost und Logis zu verdienen.

Aus dem einen Jahr wurden fünf! Meine Erschöpfung erwies sich als viel bedeutender als vermutet. Ich erhielt viel Hilfe: Zahlreiche Gespräche mit Fachleuten, Besuch von Selbsterfahrungskursen im Bildungshaus selbst usw. Von religiösen Praktiken distanzierte ich mich total. Man liess mir die Freiheit, mit grösster Selbstverständlichkeit. – Ablegen, verlassen, Teil um Teil von der Form, in die ich mich hatte pressen lassen. Langsam, nach einem Jahr etwa, kam wieder etwas Leben in mich. Ich notierte:

Dass in dem erlosch'nen Land
noch Lebensreste lägen,
hätt' ich nie geglaubt,
so völlig abgestorben schien es mir.
Doch neulich sprang ein Quellchen in dem Sand,

eins vom grossen Lebensstrome.
Und bald darauf ein zweites.
Unscheinbar klein, kaum wahrnehmbar ...

Mit der Zeit übernahm ich auch andere Arbeiten: Ablösung an der Réception und viel Übersetzungsarbeiten Französisch–Deutsch für angebotene Kurse. Eines Tages – ich war gerade mit dem Reinigen eines Lavabos beschäftigt – hatte ich ein Schlüsselerlebnis: Plötzlich war mir glasklar, dass ich einen anderen Kontakt zu den Menschen brauchte. Telefonate entgegennehmen oder Leute empfangen brachte mir keine Befriedigung. Ich kam nicht mehr vorwärts, meine inneren Blockaden nahmen zu. Medikamente gegen meine Depressionen waren auch keine Lösung. Ein Geistlicher und Psychologe aus dem Wallis, stark wie das Matterhorn, richtete mich wieder auf. Solange ich beschäftigt gewesen war, mit all den anderen Arbeiten zurechtzukommen, hatte mir die Zeit gefehlt, über meine Talente nachzudenken. Erst jetzt wurde mir meine Begabung fürs Unterrichten richtig bewusst. Dabei hatte ich doch nie mehr in den Schulbetrieb zurückkehren wollen! Doch als mich einige deutschsprachige junge Mitarbeiterinnen um «Franzunterricht» baten, sagte ich zu. Ich merkte, wie gern ich das tat und wie positiv das Echo bei den jungen Leuten ausfiel.

Am Ende des zweiten Jahres in der Westschweiz reichte ich beim Provinzrat der Schwestern das Gesuch um Exklaustration ein (Leben ausserhalb der Gemeinschaft und nur in sehr loser Verbindung mit derselben, meist gewählt, um Zeit für eine wichtige Entscheidung zu treffen). Ein Jahr später, nach 29 Jahren Mitgliedschaft, dann das Gesuch um Genehmigung meines definitiven Austritts aus der Kongregation. Es war mir klar geworden, dass dieser Lebensabschnitt beendet war. Ich musste meinen ganz persönlichen Weg gehen.

Dieser Schritt wurde glücklicherweise in meiner Familie und Verwandtschaft akzeptiert. Bei fremden Leuten aber hütete ich mich, aufgrund von negativen Erfahrungen, davon zu sprechen. Die Gefahr, wieder in ein Schema gepresst zu werden, war zu gross. Erst nach 15 Jahren vermochte ich locker davon zu reden. Dass eine Ehescheidung meist eine schmerzhafte Angelegenheit ist, das war bekannt. Dass es sich nicht anders verhält bei einem Austritt aus einer religiösen Gemeinschaft (besonders nach jahrelanger Zugehörigkeit), das war den wenigsten bewusst.

Eigentlich hätte ich danach gerne mit Erwachsenen gearbeitet. Wesentliches vermitteln wie Meditation, in persönlichem Gebet, auch durch Rhythmus, Musik und sprachlichen Ausdruck. Aber ich war schon 52. Für Ausbildungen in den gewünschten Richtungen fehlte mir schlicht das Geld.

Die Provinz zahlte mir eine bescheidene Summe zur Altersvorsorge aus, im Wissen, dass diese nie reichen würde. Offiziell hatte ich kein Anrecht auf Entschädigung für die jahrelang geleistete Arbeit. Eine entsprechende Vereinbarung hatte ich bei meinem Eintritt unterschrieben. Eine berufliche Pensionskasse gab es nicht und an AHV-Beiträgen bezahlten die Klöster nur das Minimum. Dazu erhielt ich eine kleine Summe für die Wohnungseinrichtung. Mehr lag nicht drin; ich kannte ja die schwache finanzielle Lage der Schwestern.

Vorerst im Halbpensum (mehr war gesundheitlich nicht möglich) als Lehrerin tätig sein und daneben eine Ausbildung absolvieren? Versuchen! Ich fand eine 50-Prozent-Stelle für Deutsch und Französisch an einer Handelsschule in K. Bekannte verhalfen mir zu einer netten, preiswerten Zwei-Zimmer-Wohnung. Ich freute mich wieder – wer hätte es geglaubt – riesig auf den ersten Schultag! Das Alleinleben, Einrichten der Wohnung, Haushalten, Berufausüben – ein kräftemässiger Monster-Aufwand! Dazu einen Bekanntenkreis aufbauen; die Pflege freundschaftlicher Beziehungen war in der Kongregation nicht erlaubt gewesen.

Ich rückte von der Idee einer berufsbegleitenden Weiterbildung ab, wollte aber nicht länger an einer Handelsschule bleiben. In Deutsch faktisch nur Grammatik und Orthografie zu unterrichten sagte mir ganz und gar nicht zu. Der Schulleiter, der meine Suche nach einer anderen Stelle kannte und auch verstand, wusste um eine neu zu besetzende Stelle an einer Mädchenschule in S. Es war eine «Klosterschule», zwar überwiegend mit Laien-Personal, auf Sekundarstufe. Etwas Passenderes hätte ich nicht finden können! Junge Leute für Literatur zu begeistern war, was mich interessierte. Ich blieb da zwölf Jahre lang, arbeitete immer im Halbpensum, aus finanziellen Gründen bis 67.

Dann folgten drei Jahre Unterricht (zirka zehn Wochenstunden) an einer Sprachschule: Deutsch für Fremdsprachige. Eine sehr interessante und anregende Zeit mit lernwilligen Studentinnen aus allen möglichen Ländern.

Mit siebzig trat ich in den Ruhestand. Die Sinnsuche zu diesem «Stand» geht weiter. Wie ihn gut leben? Wie weiterhin im Dienst der Menschen stehen? Wie mit der Einsamkeit umgehen?

Ob ich nie heiraten und eine Familie haben wollte? – Doch, in ganz jungen Jahren schon. Nach der «grossen Wende» kannte ich nur noch *ein* Ziel: den Weg gehen, der existenziell zu meinem Leben gehört.

In all diesen Jahren veränderte sich meine Religiosität gewaltig. Stück um Stück meines Katholizismus legte ich beiseite, in dem Sinn, dass es nicht wesentlich zum «Ur-Religiösen» gehört. Sicherheit und Verzagtheit, Licht und Dunkelheit sind die steten Begleiter auf diesem Weg. Aber hatte uns nicht Jesus Christus diese Freiheit bringen wollen, indem er die einengenden und lebensfeindlichen religiösen Gesetze geisselte? Schenkte er uns nicht ein Gottesbild von ungeahnter Güte und Weite?

Die Begegnung mit der Schöpfungstheologie (Matthew Fox) war eine wahre Offenbarung. Sie bestätigte so vieles, was ich schon mit 17 als inakzeptabel betrachtete: die Opfer-, Erlösungs- und Sündenfall-Theologie, die alle Menschen als Sünder von Geburt an abstempelte. Die Würde des Menschen und aller Geschöpfe, der Lobpreis des Schöpfers über das Wunder der Kreation sind hier das Fundament. Auf diesem positiven Grund haben Leiden, Weg-Suche und Weg-Begehung eine wesentlich sinnvollere Bedeutung.

Aus der katholischen Kirche trete ich nicht aus. Dazu ist ihre spirituelle Geschichte viel zu reich. Gewisse Äusserlichkeiten und Strukturen vermag ich zum Teil zu relativieren und als geschichtlich epochal Entstandenes abzutun.

Eigentlich bin ich wieder bei der grossen Frage nach dem Geheimnis unseres Lebens angekommen und weiss jetzt, dass das Wort «Gott» in unserer Kultur die Bezeichnung dafür ist. Für das Unfassbare und doch Gegenwärtige, alles durchwirkend. Ferne Völker nennen es anders und meinen den-/dasselbe. Immer wieder erinnere ich mich der

Stunde, in der ich mit 17 an einem Abend auf einer Anhöhe über der Stadt sass und ins weite Land hinausblickte. In der warmen Dunkelheit und der tiefen Ruhe fiel mir der Schlusssatz in Gottfried Kellers Gedicht «Stille der Nacht» ein: «Es ist, als tät der alte Gott mir endlich seinen Namen kund.» Auch heute, mit 74, wiederhole ich den Satz immer wieder.

Noch bin ich unterwegs, zusammen mit vielen Menschen, die das «Abenteuer Mensch-Sein» zu leben versuchen in seiner mannigfaltigen Ausprägung, der individuellen Altersstufe gemäss. Ob bald die letzte Stufe folgt? Kurz vor meinem siebzigsten Geburtstag hatte ich mir notiert:

Deine Flügel, Irina,
deine Flügel ...
sie sind zu Schwingen geworden
im Laufe der Jahre,
der 70 Jahre.
Gross, stark und so zart.
Stärke der Zartheit, ihre Schwingen.
Noch seid ihr nicht ausgewachsen.
NOCH nicht.

Aufgezeichnet von Lucette Achermann

Margrit (*1926)
Sekretärin und Krankenschwester

«Ich kann gut auf den Gedanken verzichten:
Werde ich noch gebraucht oder nicht?
Ich lebe und darf leben. Mir geht es gut.
Dafür bin ich dankbar.»

Meine Mutter erzählte immer wieder aus ihrer traurigen Kindheit, mit einer bösen Stiefmutter wie im Märchen und wie sie als junge Frau bei einer Tante, die Oberin eines Diakonissinnenordens war, Zuflucht fand. Die liess sie während des Ersten Weltkrieges in einem Spital als Hilfskraft mitarbeiten. Meine Mutter zeigte sich als sehr wissbegierig und wagte einem der Ärzte, der ihr den minimalen Ausbildungsstoff vermittelt hatte, ein paar Fragen zu stellen. Das missfiel der Tante, und sie ermahnte sie: «Kümmere dich nicht um die Medizin, sondern um die Diakonie!» Meine Mutter wäre heute dank ihrer Intelligenz vielleicht Ärztin geworden. Zu ihrer Zeit blieb ihr das verwehrt. Die Diakonissinnen erschienen ihr bald als verlogene Gesellschaft. Das fromme Getue war zum Wegrennen. Fromme Sprüche wurden nachgeplappert, selbstständiges Denken war unerwünscht. Meine Mutter beendete ihren Einsatz bei den Diakonissinnen und wechselte zur Gemeindepflege Winterthur, wo sie meinen Vater kennenlernte.

Schon früh in meinem Leben musste ich meine Wünsche und Erwartungen zurückstecken. Die Verhältnisse waren recht bedrückend. Ich wurde 1926 geboren, in der Krisenzeit. Vater verdiente wenig in der Fabrik, Mutter hatte ihre eigenen Träume längst begraben. Für Träume gab es bei uns überhaupt wenig Spielraum. Trotzdem war ich ein fröhliches, aufgewecktes Kind, wenn auch von der Mutter dauernd mit der Botschaft versehen: Pass auf, erwarte nicht zu viel, sei vorsichtig!

Meine Eltern waren relativ alt, Mutter war dreissig und mein Vater zählte bereits vierzig Jahre, als ich zur Welt kam. Mein zwei Jahre jüngerer Bruder war, im Vergleich zu mir, viel der Stillere, er lebte in meinem Schatten. Beide Elternteile haben mich ihm vorgezogen.

Ich wuchs in einem äusserst sparsamen Elternhaus auf. Der ganze Stolz meines Vaters war unser Haus, das er als Schreiner fast eigenhändig gezimmert hatte. Mutter war sehr intelligent und verantwortungsbewusst. Obwohl sie ihre Hausfrauenpflichten verabscheute, erledigte sie alles freudlos, aber perfekt. Sie schneiderte unsere Kleider und verköstigte ausserdem die Zimmerherren, die bei uns wohnten. Das brachte ihr einen Zuverdienst ein. Aber auch viel Arbeit.

In der Sekundarschule gehörte ich zu den besseren Schülerinnen, obwohl ich verhaltensmässig noch ein richtiges Kind war. Als 15-Jährige, nach der dritten «Sekki» verspürte ich nur einen Wunsch, noch länger in die Schule gehen zu dürfen, das Erwachsenenleben noch etwas hinausschieben zu können. Meine Mutter fand das wunderbar und unterstützte mich. Vielleicht, weil sie davon ausging, dass mir mit einer besseren Ausbildung mehr Möglichkeiten offenstünden und ich nicht unbedingt heiraten müsste, damit für mich gesorgt war.

In Winterthur, dem Ort meiner Jugend, gab es wenig Auswahl für eine fundierte Weiterbildung. Im zweiten Sekundarschuljahr 1941 wäre ich gerne Lehrerin geworden, denn ich schwärmte für meine Hauptlehrerin. Die riet mir jedoch ab: «Als Lehrerin hast du kaum Chancen, eine Stelle zu bekommen!» Die Ausbildung hätte auch zu viel gekostet. Zudem wäre das Beherrschen eines Musikinstruments erforderlich gewesen. Auch die dreijährige Mädchenschule, welche jedoch zu keinem spezifischen Beruf führte, hätte mich interessiert. Doch diese Schule hatte eine Art Upperclass-Touch, für ein Arbeiterkind ungeeignet. Es blieb noch die Handelsschule im Technikum Winterthur. Mit Enthusiasmus absolvierte ich die drei Jahre dauernde Ausbildung. Ich liebte Sprachen, Rechnen und mein liebstes Fach war die Volkswirtschaft. Daneben spielte für mich die Zwingliana, eine religiöse Jugendgruppe, eine wichtige Rolle. Ich liebte den Konfirmandenunterricht bei unserem gut gesinnten Pfarrer. Seine Vitalität, seine Jovialität begeisterten mich. Er war meine erste grosse Liebe. Zum ersten Mal erlebte ich, dass ein Pfarrer erlaubte, in der

Religion Zweifel zu hegen und Dinge zu hinterfragen. Es war einfach eine geistige Offenbarung, die mich beglückte. In der Zwingliana durfte ich Erfahrungen sammeln, die ich sonst nie gemacht hätte. Das Gruppenlager im Tessin oder die Teilnahme an einem Kongress des Dachverbandes Zwinglibund in Holland, kurz nach dem Krieg. Der weltoffene Pfarrer half mir auch, meine Minderwertigkeitsgefühle etwas abzubauen, indem er mich zur Protokollführerin ernannte. Das machte mir Spass und ging mir gut von der Hand. Rapporte zusammenfassen interessierte mich mehr als Kreativität, dafür hatte ich weniger Talent. Ich bemühte mich, an Gott zu glauben, für andere Gutes zu tun und sogar zu beten. Der Gedankenaustausch mit den Zwinglianern faszinierte mich. In der Gruppe lernte ich auch meine beste Freundin kennen.

Einen Schulschatz hatte ich keinen. Meine Beziehungen zu Männern waren immer problematisch. Meine Jugendidole waren die Pfarrer, ganz ausgeprägt. Pfarrersfrau zu werden hätte ich mir gut vorstellen können. Als *Secondbest,* anstelle eines Theologiestudiums. Das Wirkungsfeld einer Pfarrersfrau beschränkte sich ja nicht nur auf den Haushalt.

Nach Abschluss der Technischen Handelsschule waren wir bereit, um ins Berufsleben einzusteigen. Das Paradoxe war: Obwohl Mädchen und Buben die gleiche Ausbildung durchliefen, konnten nur die männlichen Absolventen mit einer interessanten beruflichen Zukunft rechnen. Die jungen Frauen konnten höchstens Sekretärin werden. Von uns wurde Tippen und Stenografie gewünscht, allenfalls geringe Sprachkenntnisse und Kaffeezubereiten. Für einen Bürochef konnte eine Sekretärin auch auf einer anderen Ebene interessant sein; *sexual harassment* fand schon dazumal statt, wurde jedoch nicht thematisiert. Auch ich hatte solche Erlebnisse, landete aber mit keinem im Bett, dazu hätte ich viel zu viel Angst gehabt.

Meine erste Stelle – bei der Kantonalbank – wollte ich ursprünglich gar nicht annehmen, das Bankwesen interessierte mich nicht. Doch mein Vater ermunterte mich, die «Chance» zu packen. Er hätte es sich in seinen kühnsten Träumen nicht vorstellen können, dass seine Tochter jemals bei der Zürcher Kantonalbank eine Anstellung erhielt. Er selbst, als Schreiner bei der Lokfabrik, wünschte sich immer, bei der Stadt als Strassenarbeiter angestellt zu werden, mit einer festen Pension. Bei der Kantonalbank arbeitete ich mehr oder weniger als Laufmädchen. Mit 10 000 Franken in den oberen Stock eilen, vielleicht mal eine Quittung ausstellen für 20 Franken Safe-Gebühren oder für die Chefs den «Znüni» holen beim «Kränzlin». Einfach skandalös! Die Kantonalbank bildete die Burschen – nach einer nur zweijährigen Handelsausbildung – zum Bankfachmann weiter. Wir Frauen – mit einem dreijährigen Handelsdiplom – wurden hingegen für Laufmädchenjobs angestellt. Ich war 18 Jahre alt und hatte mir meine berufliche Zukunft anders vorgestellt. Nach drei Monaten kündigte ich die Stelle. Vater, ein weichherziger Mensch, nahm mir meinen Entschluss nicht übel.

Bei der nächsten Stelle, in der «Loki» (Schweizerische Lokomotiv- und Maschinenfabrik), verdiente ich sogar 250 Franken statt 200 wie bei der Bank. Meine Tätigkeit gefiel mir zwar besser, aber dauernd drehte sich das Thema um Dieselmotoren und Pumpen. Ich konnte die Ersatzteile von Dieselmotoren in vier Sprachen schreiben, aber wie sie aussahen, davon hatte ich keine Ahnung. «Würden Sie mir nicht einmal einen dieser Dieselmotoren zeigen und erklären?», bat ich meinen Chef. Als er einmal nicht unterwegs war – in Ägypten, Bombay oder Südamerika –, nahm er sich Zeit dafür. Oft träumte ich davon, ein einziges Mal dem ständig Business-class-Reisenden das Köfferchen tragen zu dürfen, um meine Sehnsucht nach der grossen, weiten Welt zu stillen. Mein ewiger Kampf mit der Schreibmaschine ohne spanische Zeichen auf der Tastatur war mühsam. Texte mit vier Kopien zu tippen und dann allfällige Tippfehler zu korrigieren, ein Albtraum! Die Frauen in der Firma hatten höchstens Aussicht auf eine Weiterentwicklung ihrer Karriere an langweiligen Posten, meistens durch eine Versetzung in die Buchhaltung. Immer in Abhängigkeit eines Chefs, ohne jegliche Selbstbestimmung.

Mit zwanzig Jahren wollte ich ins Welschland. Ich fand eine Stelle in einem privaten Altersheim der Bethanier, «Institut de Béthanie» in Lausanne. Diese von Diakonissinnen geführte Institution war für sehr reiche Leute gedacht. Nur das Personal hatte bescheiden und demütig zu sein. Ich wurde im ganzen Haus eingesetzt, im Service, in der Küche und auf den Stationen, anspruchslose Arbeiten zu verrichten:

staubwischen und Lavabos putzen. Trotz der misslichen Umstände, die da herrschten, gefiel mir der Kontakt zu den interessanten, alten Menschen. Das scheussliche Zimmer, welches uns *Jeunes Filles* zur Verfügung stand, wurde von der Gesundheitsbehörde Lausanne eines Tages als unzumutbar beanstandet.

Dann verliebte ich mich in einen deutschen Flüchtling, der bei uns in der Küche arbeitete. Er war ein wunderschöner Mann, künstlerisch begabt und fantasievoll. Ich, auch in emotionaler Hinsicht mit Männern eher ein «Zwerg», verlor mit dem Mann meine Jungfräulichkeit. Ungute Gefühle plagten mich. Ein Verhältnis mit einem Mann schien mir völlig unvereinbar mit den puritanischen Idealen der Zwinglianer, eine Ehe als Jungfrau einzugehen. Dazu kam die Angst, schwanger zu werden. Ich hätte abtreiben müssen. Die Affäre hatte keine Zukunft. Es dauerte höchstens zwei Monate, bis ich diese aussichtslose Beziehung beendete. Meinen Liebeskummer versuchte ich mir als emotionalen Ausrutscher auszureden.

Nach meinem neunmonatigen Welschlandaufenthalt und den dortigen Erfahrungen stellte ich eine Heirat noch mehr in Frage. Als «gefallenes Mädchen» waren meine «Aktien» auf dem Heiratsmarkt ohnedies nicht mehr besonders hoch. Einen Flirt konnte ich mir schlichtweg nicht vorstellen. Meiner Weiblichkeit schenkte selbst ich nur geringe Beachtung. Ich war schüchtern, empfand mich nach wie vor als eher hässlich, klein, unattraktiv, nicht liebenswert und ohne weibliche Reize. Ich hatte damals schon einen breiten Hintern. Und eine Frau mit verlorener Jungfräulichkeit, die nicht mal kochen konnte?! Meine Mutter liess mich in dieser Hinsicht absolut hängen, denn sie haderte mit ihrer eigenen Weiblichkeit. Auf emotionaler Ebene behandelte sie auch uns Kinder eher stiefmütterlich und konnte uns kein Selbstvertrauen vermitteln. Während unserer Schulzeit regte sie uns dennoch zu vielen Dingen an, sie wollte, dass wir Bücher lesen, aber mit Zärtlichkeiten hielt sie sich total zurück.

Anno 1947 ging ich nach England als *Mother's help*. Meine Landlady hatte keine Probleme, eine Bewilligung für eine ausländische Haushalthilfe zu erhalten, denn sie litt während der Schwangerschaft mit ihrem ersten Baby an Kinderlähmung. Haushalten war für mich ein regelrechtes Schreckgespenst. Zu meinem Glück war die Lady eine ausgebildete Köchin. Sie konnte trotz Behinderung vieles selber machen. Den Abstand von meinem Elternhaus verkraftete ich leicht. Vor allem Mutter hielt mich keineswegs davon ab, in die Fremde zu gehen. Den Alltag in dieser Minifamilie empfand ich als uninteressant, aber England an sich fasziniert mich bis zum heutigen Tag.

Nach meiner Rückkehr in die Heimat fand ich wieder Arbeit als Sekretärin in der Lokfabrik. Diesmal kamen meine Englisch- und Französischkenntnisse besser zum Zug. Die «Loki» ging später in die Sulzer über. Unterdessen existiert sie nicht mehr.

In der «Loki» hatte ich eine absolut effiziente Sekretärinnen-Kollegin, die für einen Chef arbeitete, der sich «27-mal» bei den jungen Laufmädchen bedankte, wenn sie ihm etwas brachten. Er guckte ihnen bis zur Tür nach, um ihre Beine zu begutachten. Meine Kollegin hingegen nahm er kaum wahr, für ihn war sie mit ihren ledigen vierzig Jahren auf null abgeschrieben. Im Betrieb arbeitete keine verheiratete Frau. Nach der Heirat verschwand sie automatisch von der Bildfläche.

Die Kernfrage stellte ich mir mit 27 Jahren: Wie kann man als ledige Frau in Würde älter werden? Ich wohnte immer noch im Elternhaus und leistete meinen finanziellen Beitrag. Weder Vater noch Mutter wunderten sich, dass ich in dem Alter noch ledig war. Mein Bruder war schon seit zwei Jahren verheiratet. Ich durchlebte immer wieder kleinere und grössere Krisen, besonders, wenn sich eine weitere meiner Freundinnen verheiratete. Eine vermählte sich mit einem Arzt in Zürich, die andere mit einem englischen Doktor. Ich redete mir ein, ein Arbeiterkind würde nie von einem Arzt geheiratet. Für mich war klar, Frauen ohne Geld und Schönheit, hätten keine Chance und wären nicht gefragt. Meine Komplexe hätte mir niemand ausreden können.

In diesem Alter meldete ich mich für die Schwesternschule des Roten Kreuzes an. Eine Schwesternuniform vermittelte mir eine Art Panzer. In meinem Entscheidungsprozess spielte dies mehr oder weniger unbewusst eine Rolle. Ledig sein mit Uniform wurde von der Gesellschaft besser akzeptiert. Eine Krankenschwester schenkt ihre Liebe den Patienten und nicht einem Ehemann und Kindern. Das Abtauchen aus der Männerwelt in der «Loki» in diese Frauengesellschaft, wow! Aber bald stellte ich fest, dass diese Frauen sich alle den sogenannten Obrigkeiten unterwarfen. Nur eine der Schulschwestern, sie kam aus reichem Haus, verfügte über genügend Intelligenz und Selbstbewusstsein, sich nicht alles gefallen zu lassen. Viele meiner Kolleginnen waren dumm, unterwürfig, fromm und unselbstständig. Mir ging das physisch und psychisch dermassen an die Substanz, dass ich keine Menstruation mehr hatte. Später machte mir die Uniform zunehmend Mühe. Ich war froh, als sie von praktischer Berufskleidung abgelöst wurde.

Nach sechs Monaten Ausbildung verbrachte ich meine zwei Wochen Ferien nochmals in der «Loki», um mir definitiv klar zu werden, ob ich die Krankenschwesternausbildung wirklich fortsetzen oder in den ehemaligen Beruf zurückkehren wollte. Nach den 14 Tagen als Sekretärin bei der Technik wollte ich die dreijährige Ausbildung im Rot-Kreuz-Spital unbedingt fortsetzen. Der Kontakt mit den Patienten und die medizinische Betreuung waren es mir wert.

Die ersten Monate waren für mich alles andere als einfach. Ich ärgerte mich beispielsweise über die rüde Behandlung einer Schwester, die mir als Schülerin das praktische Arbeiten beibringen musste. An einem Sonntagmorgen mussten wir Schülerinnen im Treppenhaus Kirchenlieder singen. Deswegen kam ich zu spät auf die Abteilung. Meine Aufgabe bestand in der Mithilfe, Betten zu machen und die Patienten zu waschen. Die Schwester fauchte bloss: «Sie sind zu spät!» Hilflos, ohne mir irgendwelche Anweisungen zu geben, liess sie mich im Raum stehen und verrichtete mit saurer Miene die ganze Arbeit alleine. Nachdem sie stinkbeleidigt aus dem Zimmer gerauscht war, sagte einer der Patienten den unvergesslichen Satz: «*Les femmes sont comme le vinaigre, plus qu'il est vieux, plus qu'il est aigre!*» (Die Frauen sind wie der Essig – je älter er ist, desto saurer ist er.) Immerhin musste ich die saure Schwester nicht lange aushalten. Vom Bettenmachen wurde ich bald suspendiert, ich war dafür zu klein gewachsen. Elektrische Betten gab es noch keine.

Als Krankenschwester fand man leicht eine Anstellung im Ausland. Als sich meine Sehnsucht nach *dear old England* intensivierte, bewarb ich mich um einen Arbeitsplatz in England. In einem Stadtspital, einem War Memorial Hospital (Erster Weltkrieg), das noch ganz nach dem Muster von Florence Nightingale gebaut und geführt wurde, fand ich eine Stelle. Ich kam anfänglich aus dem Staunen nicht heraus, meine Seele lebte auf, obschon es nicht einfach war, denn die Ausbildung des dortigen Personals war viel fundierter als meine schweizerische. Die englischen Krankenschwestern hatten während des Krieges einiges an Know-how dazugelernt. In der Schweiz konnte man sich noch den Luxus leisten, auch ausgelernte Krankenschwestern als Putzfrauen einzuspannen.

Zurück in der Schweiz, nach zwei Jahren, zog es mich mehr in den theoretischen Bereich des Pflegeberufes. Ich besuchte die Kaderschule des Schweizerischen Roten Kreuzes und wurde Schulschwester. Das Lehrmaterial war sehr dürftig. Meine grösste Leistung erbrachte ich wahrscheinlich, in anderthalb Jahren mühsam einen brauchbaren Lehrgang für Krankenpflege zu schreiben.

Im Alter von 35 Jahren bewarb ich mich um eine Stelle als Krankenschwester in Denver/Colorado, im Rahmen eines zweijährigen Austauschprogramms, organisiert von der American Nursing Association. Diese Zeit erlebte ich als persönliche Befreiung und lebte *like in heaven*. Meine Kollegin und ich, mit der ich schon während der Ausbildung befreundet war, wohnten in einer lichtdurchfluteten Wohnung. Wir kochten uns nur, worauf wir Lust hatten, genossen den viel höheren Lohn und die ausgiebigere Freizeit. Wir besassen sogar ein Auto. Welche Freiheit in diesem grossen, weiten Land!

Die Chancen, einen Amerikaner kennenzulernen, waren gering, denn, obgleich ich meine Haare kolorierte und noch recht jugendlich aussah, war ich für deren Begriffe als Heiratskandidatin schon zu alt. Leider musste ich meinen Amerikaaufenthalt frühzeitig abbrechen. Mein betagter Vater erkrankte schwer, die Familie rief nach mir. Gerne hätte ich in der Denver-Klinik auf der Psychiatrie gearbeitet, wo die berühmte Sterbeforscherin Frau Kübler-Ross tätig war, mit der ich privaten Kontakt pflegte.

Wenn ich heute nochmals von vorn beginnen könnte, würde ich mit zwanzig Jahren in eine Psychotherapie gehen. Ich habe nämlich festgestellt, dass es bezeichnend für mein Leben war, wie oft ich mich habe fremdbestimmen lassen. Einzig für den Krankenpflegeberuf habe ich mich selber entschieden.

Mit sechzig Jahren verfiel ich in eine tiefe Depression. Burnout wird das heute genannt. Ich unterzog mich einer Psychotherapie, die sechs Jahre dauerte. Sie zeigte mir auf, dass ich eigentlich das Wunschleben meiner Mutter auslebte. Meine Beziehungsunfähigkeit und mein Misstrauen machten mir sehr zu schaffen. Nachträglich bin ich froh, denn diese Therapie verhalf mir zu einem guten Älterwerden. Ich hatte das Glück, eine versierte Therapeutin zu finden, die genügend Geduld aufbrachte, bis ein Vertrauen, eine Offenheit entstehen konnten.

Die Diskriminierung der Frau zeigte sich besonders in meiner beruflichen Laufbahn. Im Pflegeberuf gab es für mich als einzige Möglichkeit die Weiterentwicklung bis zur Oberschwester. Dennoch blieb ich lange das Fräulein oder Schwester Margrit. Ich musste 55 Jahre alt werden, bis ich endlich nicht mehr als Fräulein betitelt wurde. Gegenüber einer Frau Hochstrasser wird mehr Respekt gezollt.

Ich sehe heute noch einen dieser aufgeplusterten Chefärzte vor mir. Es war an einer Sitzung, bei der es um bauliche Veränderungen der Abteilung Dermatologie ging. Er hockte in einem bequemen Ledersessel und ich, das Schwesterchen, auf einem kleinen Holzstühlchen. Nun wagte ich es auch noch vorzuschlagen, an Stelle der Büros für die Oberärzte die Patientenzimmer auf der Sonnenseite des neuen Hauses einzurichten. Ein Oberarzt verbrachte höchstens eine Stunde pro Tag hinter seinem Schreibtisch. Mein Vorschlag hatte entrüstete Blicke zwischen ihm und dem Verwaltungsdirektor zur Folge. Diese Chefärzte spielten teilweise miese Rollen. Ein berühmter Herz-Chefchirurg kannte beispielsweise keinen einzigen Namen seiner mitarbeitenden Pflegeschwestern. In seinem von der Medizin begrenzten Weltbild hatten wir Schwestern – mit Ausnahme der Operationsschwestern – keinen Platz. Als Oberschwester wurden mir beispielsweise bei der zermürbenden Personalrekrutierung nicht die nötigen Kompetenzen eingeräumt, um den verantwortungsvollen Posten für mich befriedigend erfüllen zu können. Überall wurde an gut ausgebildetem Pflegepersonal eingespart. Heute existiert im Universitätsspital eine Pflege-Direktorin. Gottlob hat sich dadurch einiges verbessert.

Als ledige Frau wurde man von der Gesellschaft als minderwertig betrachtet. Es hiess: Keiner hat die gewollt! Irgendwas stimmt da nicht! Lange bekam man zu spüren, dass die verheirateten Frauen anerkannter waren. Langsam kam der Wandel, sodass die Hausfrauen neidisch wurden auf uns Unverheiratete. Sie merkten, wir konnten uns grössere Freiheiten ausnehmen, uns wurde nicht ständig reingeredet. Wir mussten nicht dauernd Rücksicht nehmen und uns Gedanken darüber machen, ob wir der Umgebung gefallen oder nicht.

Trotz meines Single-Frauen-Daseins wurde ich oft von verheirateten Freunden eingeladen. Da gab es das Ehepaar Hürzeler in Zürich, deren Tochter (der Sängerin und Schauspielerin Sue Mathys) ich Patin bin, und ein Ehepaar in Biel, für deren Kind ich ebenfalls Patentante war. Vor allem zur Familie meines Bruders pflegte ich einen sehr familiären Kontakt. Jahrelang blieb ich auch befreundet mit einer wohlhabenden Arztfamilie in England.

Das Berufsleben war für mich als Frau ein Kampf. Zu einer konventionellen Zweierbeziehung wäre ich mit meiner Lebenseinstellung gar nicht fähig gewesen, weil ich davon überzeugt war, ich alleine wäre dafür verantwortlich, die Beziehung müsse hundertprozentig funktionieren. Mein übertriebenes Verantwortungsgefühl war mit einer der Gründe für mein berufliches Burnout. Ich fühlte mich verantwortlich für den Personalmangel auf der ganzen Welt, obwohl ich nichts hätte ändern können. Die Menschen wollten ganz einfach nicht in einem Pflegeberuf tätig sein, weil sie schlecht behandelt wurden von der Direktion oder den Herren in weissen Kitteln.

Bis ich die fünfzig erreicht hatte, weigerte ich mich, eine eigene Wohnung zu mieten. Nach den anstrengenden und aufreibenden Arbeitstagen benötigte ich viel Schlaf. Alleinsein und Ruhe am Abend gehörten zu meinen stärksten Bedürfnissen. Ich bewohnte immer ein Zimmer im Schwesternhaus. Zu meinem Körper hatte ich keine besonders gute Beziehung. Ich trieb weder Sport, noch hätte ich jemals tanzen wollen. Ich litt unter grossen Berührungsängsten.

Ich musste sehr viel älter werden, bis ich endlich wagte, den Satz auszusprechen: Das stimmt nicht für mich! In einem Meditationskurs musste ich einmal eine Zeichnung anfertigen. Ich zeichnete fünf Figuren: einen Pfarrer, einen Offizier und drei andere autoritäre Figuren. Sie standen stellvertretend für alle, die mir immer sagten, was ich zu tun und zu lassen habe und was richtig wäre. Am meisten verabscheue ich Zwang. Besserwisser wie Rumsfeld, Bush, Christoph Blocher, der Papst und ein Gott, der Vorschriften macht nach den Glaubenssätzen der Religion. Nachdem ich mich mein Leben lang bemühte, an Gott zu glauben, habe ich ihn jetzt abgeschafft. Das war mein letzter Befreiungsschritt! Wow! Ich fand ein Buch mit dem Titel: «Was glauben Atheisten? Spiritualität ohne Gott», mit dem ich mich identifizieren kann.

Meine Zweifel an der Religion fingen schon früh an. In einem Sonntagsschullager wurden wir Kinder gezwungen, bis zum Exzess Haferschleim zu essen, sodass ich mich übergeben musste. Danach mussten wir «Gott ist die Liebe und er liebt auch mich» singen. Stimmt nicht!, dachte ich. Verglichen mit anderen Leuten bin ich emotional vielleicht ein bisschen einfach ausgestattet. Auch als Pflegefachfrau war ich nicht unbedingt die Intuitive. Empathie stand bei mir nicht im Vordergrund.

Carola Meier-Seethaler hat mir mit ihren Schriften sehr viel geholfen. Im Zentrum ihrer kulturphilosophischen Schriften steht die Kritik an den patriarchalen Strukturen unserer Gesellschaft und an Denkmustern, die zur Diskriminierung des Weiblichen und zur Ausbeutung der Natur führen.

Alice Schwarzer bewundere ich als Reformerin. Eine mutige, intelligente, humorvolle, unabhängige Frau. Die Zeitschrift «EMMA» lese ich nicht. In einer feministischen Bewegung war ich nie aktiv, aber ich konnte davon profitieren. Ich bin nach wie vor neugierig. «Sternstunden Philosophie» ist mein Höhepunkt der Woche. Englische Schundromane verschlinge ich zuhauf. Täglich lese ich die Zeitung. Mein sozialdemokratisches Herz schlägt mit. Ich spiele gern Karten wie Rummy oder Spiele auf dem Laptop. Danach bin ich fast süchtig und ich *darf* es sein!

Mit 76 Jahren erlernte ich das Bedienen des Computers in einem Senioren-Computerkurs. Drei Männer und zwei Frauen nahmen daran teil. Ich stellte schnell fest, dass wir weiblichen Wesen wie Luft behandelt wurden. Weder der Dozent noch die Mannsbilder räumten uns Spielraum ein, um Fragen zu stellen. Danach leistete ich mir Privatunterricht bei einer geduldigen Lehrerin, die mir gezielt beibrachte, was mich interessierte und was ich anwenden konnte.

Es braucht relativ viel, bis mir ein Mann imponiert. Nur bei ganz wenigen Begegnungen kribbelte es mir im Bauch. Mein grosser Traum wäre, über eine unbeschränkte Fantasie zu verfügen und die Kreativität ausleben zu können.

Ich bin in einem Alter, wo ich den Wunsch habe, dass sich nichts verändern sollte, was natürlich eine Illusion ist. Ich habe mich mit meinem Schicksal versöhnt und meinen Frieden gefunden. Mein Lebensmotto ist: Jetzt will ich es noch geniessen! Ich muss wirklich nichts mehr müssen. Ich kann gut auf den Gedanken verzichten: Werde ich noch gebraucht oder nicht? Ich lebe und darf leben. Mir geht es gut. Dafür bin ich dankbar.

Am liebsten würde ich in meinem Bett sterben, mit einem Kätzchen auf dem Bauch. Meine jetzige Lebenspartnerin ist meine Katze. Ihr vermag ich Zärtlichkeit zu geben, sie lebt mir Unabhängigkeit vor. Einen Hund könnte ich nie halten, der müsste ja erzogen werden, und das mag ich nicht und könnte es auch nicht.

Aufgezeichnet von Irène Hubschmid

Helene (*1926)
Serviertochter, Reisebüroangestellte
und alleinerziehende Mutter

«Eine meiner Töchter mit einem Unehelichen.
Lieber möchte ich, dass eines meiner Kinder wegstürbe,
statt eine solche Schande erleben zu müssen!»

Von fünf Geschwistern – ich war die Zweitjüngste – bin ich die Einzige, die noch lebt. Ich bin nun 82. Aufgewachsen in Sankt Pelagiberg, einem Wallfahrtsort in der Nähe von Bischofszell. Meine Eltern hatten eine Bäckerei. Dort verbrachte ich die ersten drei Lebensjahre. Dann verkaufte der Vater den Betrieb und fing an, mit Schweinen zu handeln.

Jeden Sonntag besuchte meine Mutter die Frühmesse, während Vater in einen späteren Gottesdienst und danach zum Jassen in die Wirtschaft ging. Mit dem Mittagessen durfte nicht begonnen werden, bis er zurück war. Das dauerte oft bis um zwei Uhr. Nur die Suppe gab es manchmal, wenn uns der Magen knurrte. Wenn endlich die Familie vereint war, musste jedes Kind erzählen, was es in der Predigt gehört hatte. Hie und da half uns die Mutter aus der Patsche, weil sie nachgeschaut hatte, welches Evangelium gerade aktuell war. Wenn unsere Antwort Vater nicht zufriedenstellte, schickte er uns ohne Essen ins Zimmer. Danach ging er wieder zum Jassen. Meistens brachte uns Mutter doch noch etwas zu essen. Sie war sehr lieb. Vater kontrollierte auch, was wir in der Schule gelernt hatten. Meine Brüder, die weniger gut auswendig lernten als ich, kamen meist schlecht weg. Mutter warf oft ein: «Sage ihnen doch wenigstens den ersten Buchstaben …!» Aber er liess sich nicht erweichen.

Jeden Morgen vor der Schule mussten wir zur Messe, zuerst zehn Minuten bis zur Kirche laufen, dann eine Viertelstunde zu Fuss bis in die Schule. In meiner Klasse waren wir nur drei Schüler vom Land, die die Sekundarschule in der Nachbargemeinde besuchten: der Sohn des Lehrers, die Käserstochter und ich. Als der Lehrerssohn zu Hause erzählte, dass ich zu Fuss in die Schule gehen musste, durfte ich für das letzte Schulhalbjahr das Velo der Tochter benutzen, die im Welschland weilte. Die spitzigen Steine auf dem Weg zerstachen jedoch bald die Pneus. Ersatzpneus hätte man in Bern bestellen können, aber mein Vater fand: «Kommt nicht in Frage. Du hast genug Zeit, um zu Fuss zu gehen.»

Vater war lange krank, er litt an Magenkrebs, und Mutter musste ihn pflegen. Im Alter von 50 Jahren, als ich noch die Sekundarschule besuchte, ist er gestorben. Meine Mutter war 52. Die 55 Franken Witwenrente reichten nicht für unsere Familie mit vier zum Teil noch schulpflichtigen Kindern. Einzig meine ältere Schwester war bereits ausgezogen. Um unseren Lebensunterhalt bestreiten zu können, musste Mutter eines unserer zwei Häuser verkaufen.

Meine Mutter wollte, dass ich nach dem Schulaustritt ein Haushaltlehrjahr absolviere, aber das passte mir nicht. Meine Schwester, die als Gerantin in einem Restaurant arbeitete, sorgte dafür, dass ich für ein Jahr dort arbeiten konnte. Ich war 15½ Jahre alt und musste als Mädchen für alles überall einspringen, in der Küche und im übrigen Betrieb. Ich wusste sogleich, dass ich Saaltochter werden wollte.

Danach ging ich für anderthalb Jahre ins Welschland und arbeitete zuerst in einer Klinik. Mit einer Saallehre im Hotel Polt in Castagnola erfüllte sich mein Berufswunsch. Dann arbeitete ich eine Saison lang im Hotel Regina in Wengen und eine weitere im Tessin. Eine eigene Familie zu haben war nicht mein Traum gewesen. Stattdessen wäre ich lieber weit fort ins Ausland gegangen. Aber dann kam alles anders als geplant …

Im Alter von 21 fand ich eine Anstellung in einem Tea Room in St. Gallen. Abends war nicht viel los, so ergab sich oft die Gelegenheit, mit den Gästen zu plaudern. Desgleichen auch mit einem Gast, der jeden Abend mit einem Kollegen vorbeikam. Er erzählte viel vom Krieg. Sechs Jahre älter als ich, sind er und seine Geschwister in St. Gallen geboren und aufgewachsen. Weil sein Vater Österreicher war, mussten alle drei Söhne nach Hitlers Einmarsch in Wien mit den Österreichern einrücken. Bei Ausbruch des Zweiten Weltkriegs im Jahre

1939 war mein ständiger Gast gut zwanzig Jahre alt und Student gewesen.

Nach zwei Jahren Bekanntschaft wurde ich schwanger. Mit 23 hatte ich keine Ahnung, dass meine Berufsträume so schnell zunichte gemacht werden konnten. Wie die meisten Jugendlichen jener Zeit war ich nie aufgeklärt worden. Das bisschen, das ich wusste oder ahnte, hatte ich von meinen Schulkolleginnen erfahren. Selbst als ich meine Mutter einmal direkt fragte, wofür die länglichen Baumwolltücher gebraucht wurden, die im Wäschekorb lagen, antwortete sie, dem Thema ausweichend, das seien Kniewärmer. Von meiner ersten Periode wurde ich total überrascht. Erst dann erfuhr ich, wofür die «Kniewärmer» tatsächlich gebraucht wurden! Danach hatte ich immer Angst, mich mit einem Mann einzulassen. Dabei spielten auch religiöse Gründe eine Rolle. Ich glaubte, es sei eine Todsünde. In der Kirche und zu Hause wurde uns dies gepredigt. Der angehende Vater meines Kindes schlug vor, das Kind abtreiben zu lassen, und schickte mich zu einem Arzt, der auch seine Mutter behandelte. Das wollte ich jedoch nicht. Die Tropfen, die mir mein Freund beschafft und zur Einnahme empfohlen hatte, rührte ich ebenfalls nicht an.

Am Anfang meiner Schwangerschaft kam er einmal mit zu mir nach Hause. Über meine Schwangerschaft wurde bei der Gelegenheit jedoch nicht geredet. Meine Mutter hat viel Schweres durchgemacht in ihrem Leben. Sie war sehr fromm und lebte danach. Nach dem Tod meines Vaters übernahm sie für den Rest ihres Lebens die Pflege meines Bruders, der sich bei seiner schweren körperlichen Arbeit bei einem Metzger überanstrengt hatte und invalid geworden war.

An jedem freien Tag fuhr ich nach Hause. Einmal fing ich an, um den heissen Brei zu reden, mit der Absicht Mutters Reaktion zu überprüfen. Ich erzählte ihr von einer Bekannten, die schwanger geworden sei. Sie entgegnete: «Wenn das nur mir nie passiert! Lieber möchte ich, dass eines meiner Kinder wegstürbe, statt eine solche Schande erleben zu müssen.» Das verschlug mir die Sprache. Als ich meinem Freund von Mutters Reaktion erzählte, beruhigte er mich und versprach: «Ich stehe zu dir und kümmere mich darum. Im Tessin gibt es ein Heim, wo man gebären kann.»

Ich war bereits im siebten Monat, aber man sah mir die Schwangerschaft nicht an. Nicht einmal meine verheiratete Schwester bemerkte etwas. Dabei war es mir fast jeden Morgen schlecht. Nicht nur beim Arbeiten, wenn ich Frühdienst hatte, sondern oft auch frühmorgens zu Hause. Auf dem Weg von meiner Pension zur Arbeit – das war ja nicht weit – hatte ich immer eine Tasche dabei mit einer Blumenvase drin, die ich benutzte, wenn ich erbrechen musste.

Etwa zwei Monate vor der Niederkunft verbrachte ich zwei Wochen zu Hause. Wir verkauften zu dem Zeitpunkt unser zweites Haus und mussten alle nach Bischofszell gehen zum Verschreiben. Meiner Mutter gegenüber erwähnte ich, ich habe vor, in den Tessin zu ziehen, um dort zu arbeiten. Ich schämte mich, ihr die Wahrheit zu gestehen. Möglicherweise ahnte sie etwas, aber das Thema wurde nie angesprochen. Dann packte ich meine Sachen und fuhr nach St. Gallen, wo mich mein Freund erwartete. Vom Tessin wollte er jedoch nichts mehr wissen, sondern schlug vor, zu seinem verheirateten Bruder nach Zürich zu fahren. Im Zug zeigte er mir ein paar Schlafzimmer-Möbelprospekte eines Geschäfts in St. Gallen, aber über eine gemeinsame Zukunft hat er nie konkret gesprochen! Ich mochte auch nicht darüber reden; er hatte meine Gefühle schon zu oft verletzt.

Wir verbrachten die Nacht in Zürich. Sein Bruder empfahl uns eine Schwesternschule in Zürich, das Monikaheim, wo man zur Vorbereitung der Geburt und noch einen Monat nach der Geburt bleiben konnte. Doch das Heim war voll belegt; ich hätte im Schlafsaal mit abgetrennten Kabinen auf einer Matratze am Boden liegen müssen. Die Directrice versprach: «Sicher wird bald wieder ein Bett frei. Sie müssen 250 Franken anzahlen, dann nehmen wir Sie auf.» Das war zwar nicht viel, aber mein Freund zeigte keinerlei Absicht, sich an den Kosten zu beteiligen. Es herrschte etwa fünf Minuten Schweigen. Da war die Sache für mich klar: Aus uns würde nie ein Paar! Natürlich verdiente er nicht viel. Infolge des Kriegsdienstes hatte er keinen Beruf erlernt. Aber bei der Plakatgesellschaft bezog er ein – wenn auch bescheidenes – Gehalt! Gut, dass ich etwas gespart hatte, sodass ich einen Platz reservieren konnte. 1000 Franken Bargeld befanden sich in meinem Koffer, den ich im Bahnhof eingestellt hatte.

Ich entschloss mich, zur Überbrückung ins Marienheim zu gehen. Das war eine günstige Übernachtungsmöglichkeit, die ich selber ausfindig gemacht hatte. Für zehn Franken im Tag konnte ich mich dort einquartieren. Um Geld zu sparen, beschränkte ich mich darauf, um 11 Uhr mein Frühstück einzunehmen und gegen Abend noch eine Orange zu essen. Nach einer Woche wurde ein Platz im Monikaheim frei. Wenn man zwei Monate vor dem Geburtstermin eintrat, bezahlte man nur die 250 Franken, dafür musste jede künftige Mutter ein «Ämtli» übernehmen. Dann war das Essen inbegriffen. Ich war in der Büglerei eingeteilt und kümmerte mich um die Berufsschürzen der Schwestern sowie um die Kleider des Pfarrers. Neben mir wohnte meine spätere Freundin Hedi. Wir verstanden uns auf Anhieb.

Als ich etwa fünf Wochen dort war, bat ich meinen Freund, sich mit meiner Mutter in Verbindung zu setzen, weil ich mich seit meinem Weggang nicht mehr bei ihr gemeldet hatte. Er solle ihr den wahren Grund meines Verschwindens mitteilen. Dies befolgte er tatsächlich, aber meine Mutter bestand darauf, dass ich ihr selber schreiben müsse, wenn ich etwas von ihr wolle. Ich wollte ihr nicht wehtun und es fiel mir sehr schwer, die richtigen Worte zu finden. In meinem Brief bat ich sie, meinen jüngsten Bruder Karl zu fragen, ob er der Pate meines Kindes sein würde. Sie antwortete: «Ja, aber er kommt natürlich nicht zur Taufe.» Mein Kind sollte, wie damals üblich, in den ersten Lebenstagen im Spital getauft werden. Ich war zur Hochzeit einer Freundin in Cham, die ich aus dem Welschland kannte, eingeladen. Meine Bitte, die Patin meines Kindes zu werden, lehnte sie mit der Begründung ab: «Lieber nicht, ich bin selber schwanger. Frag doch meine Schwester Marie, die du ja auch kennst. Die ist ledig und wird sicher gerne Gotte.» Marie sagte mir Gott sei Dank zu.

Ich erfuhr, dass meine Mutter meinen Freund gefragt hatte: «Wieso heiratet ihr nicht?» «Erst in etwa einem Jahr», habe er geantwortet. Aber für mich war klar: ohne mich! Dass mich mein Gefühl nicht getäuscht hatte, erlebte ich bald darauf, als er mich abholte, um auswärts essen zu gehen. Als ich sagte: «Ich bezahle meine Sache selber», liess er mich tatsächlich mein Essen bezahlen! Da hat es mir endgültig abgelöscht. Zum Glück hatte ich bereits die Wäscheaussteuer fertig abbezahlt.

Leider konnte ich dann doch nicht im Monikaheim gebären, weil dort eine ansteckende Krankheit ausbrach. Man versuchte zwar, die Geburt künstlich einzuleiten, aber es klappte nicht. So musste ich nochmals drei Wochen ausharren und ging danach ins Sanitas-Spital in Zürich für die Geburt. Das Kind meiner Freundin kam ein paar Tage früher auf die Welt als meine Monika.

Meine Geschwister wollten nichts mehr von mir wissen. Mutter quälte am meisten die Sorge, was die Leute wohl sagen würden, wenn sie davon wüssten.

Hedis Eltern fragten die Directrice des Monikaheims, ob sie einen Ort kenne, der unsere Kinder aufnehmen würde. Die empfahl den Liebfrauenhof, ein Spital oberhalb von Zug, das auch Kinder aufnehme. Also fuhren meine Freundin und ich mit unseren Kindern im Taxi dorthin.

Hedi konnte nicht stillen, ich hingegen schon. Ich bezog ein einfaches Zimmer in Zug, und während fast fünf Wochen ging ich mehrmals pro Tag zum Liebfrauenhof, um Monika zu füttern. Es war nicht möglich, bei so viel Muttermilch einfach abzustillen. Meine Freundin musste ihre Arbeit in Luzern bald wieder aufnehmen.

Mit meinen 1000 Franken musste ich sparsam umgehen, dass sie möglichst lange reichten. Als das Geld zur Neige ging, telefonierte ich meiner Mutter und fragte sie, ob sie mir etwas von meinem Ersparten auf der Bank abholen könnte. Mit dem Argument «Nein, das geht nicht. Was meinst du, was der Bankdirektor (ein Bekannter unserer Familie) denken wird, wenn ich dort Geld abhole?» lehnte sie meine Bitte ab. Wofür hat man denn Erspartes, wenn nicht für Notfälle?

Doch schlussendlich kündigte meine Mutter an, sie käme vorbei. Ich gestand einer der Schwestern, ich hätte Angst davor. Aber sie beruhigte mich: «Wenn Ihre Mutter das Kind erst sieht, wird alles wieder gut.» Leider war das nicht der Fall. Sie schämte sich immer noch für mich und pilgerte hinterher zu Bruder Klaus nach Sachseln.

Das Leben musste weitergehen. Ich trat eine neue Stelle an, in einem Café in Luzern. An allen unseren freien Tagen fuhren Hedi und ich zum Liebfrauenhof. Unsere Kinder waren hinter einer Glasscheibe und wurden uns auf Verlangen gezeigt. Wegen der möglichen Ansteckungsgefahr war es jedoch nicht gestattet, die Kinder in den

Arm zu nehmen! Es schmerzte uns zu sehen, wie die Kinder uns ihre Händchen entgegenstreckten. Während des Stillens durfte ich in ein separates Zimmer. Hedi durfte zwar mitkommen, aber ihr eigenes Kind bekam sie nicht. Sie weinte oft und tat mir sehr leid. Wahnsinnig!

Ich verdiente nicht viel. Es war eine harte Zeit. Monikas Vater bezahlte nie, obwohl er offiziell etwas an den Unterhalt unseres Kindes hätte leisten müssen. Ich nahm das Angebot an, dass man für mein Kind einen Beistand bestellte, damit Monikas Vater wenigstens einen kleinen Beitrag leisten musste.

Bald machten Hedi und ich uns auf die Suche nach einem Platz für unsere Kinder. Zuerst bei Pfarrer Bühlmann, aber der gab uns nur eine dumme Antwort. Dann versuchten wir es in Wilen-Sarnen. Dort hätten wir einen Platz gefunden, aber unsere Kinder nur einmal pro Monat besuchen dürfen. Das wollten wir nicht.

Meine Freundin in Cham erzählte ihren Nachbarn, einem älteren Ehepaar, das im gleichen Hause wohnte, von mir und meiner Tochter. Die Frau war 55, ihr Mann etwas älter. Ihre vier Söhne waren bereits ausgeflogen und verheiratet. Sie hätten schon immer gerne ein Mädchen gehabt. Ich rief an. Sie waren sofort einverstanden, meine Monika bei sich in Pflege zu nehmen.

Hedi musste ihr Kind vorerst an zwei verschiedenen Orten unterbringen. Dann konnte sie ihr Töchterchen im Haus nebenan, wo Monika untergebracht war, platzieren. Aber es hatte es nicht so schön wie meine Kleine. Zum Glück besuchten Hedis Eltern mal ihre Enkelin. Als sie sahen, dass das arme Mädchen stundenlang auf dem Nachttopf sitzen musste, nahmen sie es mit zu sich nach Herisau.

Mein ganzer Verdienst reichte knapp für den Lebensunterhalt von mir und meinem Kind. An Ferien – ausser zu Hause bei meiner Mutter – war nicht zu denken. Deshalb schrieb ich meiner Mutter: «Ich möchte gerne ein paar Tage heimkommen.» Sie wehrte ab: «Tu mir das nicht an!» So liess ich es halt bleiben. Mein herzkranker Bruder wurde immer schwächer, bis er nicht mehr aufstehen konnte. Er war auch mit den Nerven am Ende und liess sich von einem Arzt in Herisau behandeln. Dem musste er alles erzählen, was er so erlebt hatte. Als er ihm von mir berichtete, tadelte der ihn: «Ein uneheliches Kind ist doch kein Unglück. Wieso tut ihr nur so? Überlegt euch doch besser, wie es gewesen wäre, wenn sie das Kind abgetrieben hätte oder es vernachlässigen würde. Darüber müsste man sich Gedanken machen. Aber doch nicht so!»

Als Monika dreijährig war, lag meine Mutter einmal im Spital. In einem Zweierzimmer. Ich besuchte sie, zusammen mit meinem Töchterchen. Die Frau im Bett nebenan wollte wissen: «Ist das Ihr Grosskind?» Meine Mutter erwiderte: «Nein, nein, das ist das Kind einer Bekannten.» Selbst da konnte sie noch nicht dazu stehen! Bald darauf, im Jahre 1954, ist sie gestorben. Sie war ja eine liebe Frau, aber sie achtete immer nur darauf, was die Leute wohl sagen würden ... Das war halt früher so in den Köpfen der Leute.

Während meiner zwei Jahre in jenem Café in Luzern arbeitete ich jeweils eine Woche von morgens um 6 bis um 3 Uhr nachmittags, die nächste Woche hatte ich Spätdienst. Die Arbeit war nicht anstrengend, aber schlecht bezahlt. Mein Chef hätte mir Kinderzulagen bezahlen müssen. Auch meiner Kollegin, die für zwei Kinder zu sorgen hatte. Aber der hat das einfach unterschlagen. Erst als er Konkurs ging, kam es aus, und die 25 Franken pro Monat wurden uns rückwirkend ausbezahlt.

Danach wechselte ich ins Hotel Flora. Die Bezahlung war etwas besser. Ich wollte Monika das Bestmögliche bieten. Achteinhalb Jahre blieb ich dort als Serviertochter, bis meine Tochter die 5. Klasse besuchte. Die langen Arbeitszeiten und die strenge Arbeit setzten meiner Gesundheit zu. Mit meinen Sprachkenntnissen – Französisch, Italienisch und Deutsch – war ich zuversichtlich, dass ein Branchenwechsel möglich wäre. Monika war nun elf Jahre alt und ich fand, ich könne es verantworten, einige Zeit in England zu verbringen, um mich auf einen Stellenwechsel gut vorzubereiten.

Wann immer ich ein engumschlungenes Paar sah, dachte ich mir: Nur nichts mit einem Mann anfangen! Ich litt ständig unter der Angst, dass etwas passieren könnte. Auch davor, dass es Monika nicht gut haben könnte, falls ich eine feste Beziehung eingehen würde. Mein ganzes Leben lang habe ich nie mit einem Mann zusammengelebt. Aber ich hatte zwei langjährige Beziehungen, zehn Jahre lang mit einem Mann, der bei Schindler arbeitete, nach dessen Tod mit einem Italiener, der beim CERN in der Nähe von Genf beschäftigt war. Den hätte ich gerne geheiratet, aber seine Eltern waren dagegen. Er stammte aus Oberitalien und getraute sich lange nicht, zu Hause von unserer Beziehung zu erzählen. Er vertraute darauf, dass seine Eltern, wenn sie mich kennenlernten, ihre Meinung ändern würden. Leider war das nicht der Fall. Einmal zu Ostern fuhr ich nach Genf, wo ich seine Mutter und einen seiner Brüder traf. Die Mutter wollte wissen: «Wieso heiratet ihr nicht, ihr kennt euch nun doch schon eine ganze Weile?» Mein Freund antwortete, er könne es ihr erst sagen, wenn ich weg sei. Darauf brachte er mich zum Zug und erzählte danach seiner Mutter von meinem Kind. Besonders der Vater war gegen die Verbindung seines Sohnes mit einer Frau, die bereits ein Kind hatte. Er schrieb ihm mehrmals, er finde schon eine angemessene Frau für ihn.

Mein Freund rief mich jeden Tag an, auch wenn ich Spätdienst hatte. Aber immer wenn er Post von zu Hause bekam, meldete er sich eine Weile nicht mehr. Normalerweise besuchte er mich alle zwei Wochen in Luzern. In Genf wohnte er zuerst in einem Zimmer, dann mietete er eine Wohnung. Eine andere Frau hätte sich vielleicht gesagt: Den will ich! Aber ich war zu stolz, um um ihn zu kämpfen, und dachte: Er ist alt genug. Entweder entscheidet er sich für mich oder für seine Eltern. Daher schrieb ich ihm, er solle mir meinen Hausschlüssel zurückschicken.

Das war anfangs der Sechzigerjahre, als ich für ein paar Monate nach England ging, um die Sprache zu lernen, etwas anderes zu sehen und meine Liebesgeschichte zu vergessen. Zuerst arbeitete ich in einem *Private Hotel* und besuchte zweimal pro Woche die Schule. Als ich zurückkam und in eine neue Wohnung zog, hatte mein Freund meine Adresse ausfindig gemacht. Dann fing alles für ein paar Monate wieder von vorne an.

Bis ich mich entschieden hatte, wie mein Leben weitergehen sollte, nahm ich eine Aushilfestelle in einem Luzerner Möbelgeschäft an. Die Besitzer waren mit mir befreundet. Ich half ihnen dabei, den Totalverkauf ihres Geschäftes durchzuführen. Nachdem klar war, dass ich nicht zu meinem Verlobten nach Genf konnte, nahm ich wieder eine Servicestelle an, im Restaurant Schwanen in Luzern.

Monika blieb bei der Pflegefamilie, hatte es gut und war glücklich, auch in der Schule, obwohl ihr Pflegevater befürchtete, dass die Schulschwestern gegenüber Pflegekindern parteiisch seien. Monika nannte ihre Pflegemutter Mutti. Sie war kein Problemkind. Aber leider fand ich keinen richtigen Zugang zu ihr. Es traf mich sehr, dass ihre Pflegemutter mich immer als Drohung benutzte, wenn Monika mal nicht das tat, was sie wollte. Sie sagte dann: «Dein Mami muss immer für dich arbeiten ...» oder andere für mich betrübliche Dinge wie: «Dein Mami ist am Telefon. Du musst wieder einmal nach Luzern.» Die Pflegefamilie war Monikas richtige Familie. Das tat mir oft weh. Während meiner acht Jahre im Schwanen sorgte ich dafür, dass ich jeden Samstag frei bekam. Sonntags konnte man nicht freimachen. Monika wurde nach der Schule zum Zug gebracht, ich holte sie in Luzern am Bahnhof ab.

Als meine Tochter etwa zwölf war, merkte ich, dass sie in ein gefährliches Alter kam, in dem es schwierig werden könnte, weiter bei ihren in die Jahre gekommenen Pflegeeltern zu leben. Im Nebenhaus war ein Mädchen eingezogen, ein um zwei Jahre älteres *Luusmeitli*. Da dachte ich: «Jetzt ist die Gelegenheit, Monika zu mir zu nehmen.» Das war, als ihr die Aufnahmeprüfung für die Sekundarschule bevorstand.

Monika besuchte zwei Jahre lang die Sekundarschule in einem Mädcheninstitut in Luzern als interne Schülerin. Ich wohnte in der Nähe des Internats. Während meiner sonntäglichen Zimmerstunden konnten wir den Nachmittag miteinander verbringen.

Eine der Schwestern erzählte mir, dass die Pflegeeltern oft anriefen und Monika Päckchen schickten. Üblicherweise öffneten und verwalteten die Schwestern alle Päckchen. Jahre später kam aus, dass keines der von der Pflegemutter selbstgebackenen Butterzöpfli seinen Weg zu Monika fand. Anscheinend konnten die Schwestern ihrem verführerischen Duft nie widerstehen! Kein Wunder, dass Monika nicht wusste, von welchem Zöpfli ihre Pflegemutter sprach, wenn sie nachfragte, ob es ihr denn geschmeckt hätte.

Monika gehörte zu einer der wenigen Schweizerinnen, die intern wohnten. Die Mehrzahl ihrer Mitschülerinnen stammten aus dem Ausland. Wenn ich meine Tochter fragte, ob sie ihre Pflegemutter anrufen wolle, verneinte sie. Aber dann entdeckte ich, dass Monika zurück in meine Wohnung ging und mit ihrer Pflegemutter telefonierte. Klar litt sie im ersten Jahr unter Heimweh nach ihrer Pflegefamilie. Heute erzählt sie, dort eine schöne Jugend verlebt zu haben. Leider war es mir nicht vergönnt, mich von Anfang an persönlich um sie zu kümmern.

Ich wollte meiner Tochter eine gute Ausbildung ermöglichen. Nach der Sekundarschule ging sie für anderthalb Jahre nach Frankreich ins Mutterhaus eines Frauenklosters, dann für ein Jahr nach England zu der gleichen Ordensgemeinschaft. Im Anschluss daran boten ihr die Schwestern an, ein Jahr in Castelcandolfo als Schülerin zu verbringen. So hängte sie nochmals fast ein Jahr an und beendete ihre Sprachaufenthalte, als Au-pair-Mädchen, in einer Familie in Rom. Danach besuchte Monika die Handelsschule in Luzern.

Ich habe praktisch meine ganzen Jahre als junge Frau dem Leben meiner Tochter untergeordnet, mir fast nichts geleistet. Ich wollte nicht, dass Monika darunter leiden musste, dass ich nicht verheiratet war. Als wir einmal darüber sprachen, antwortete sie: «Es hat dich ja niemand dazu gezwungen, so zu handeln …!» An meinem achtzigsten Geburtstag dankte sie mir jedoch für alles, was ich für sie getan hatte, was mich riesig freute. Für sie war es ja auch nicht einfach.

Meine Umgebung fand es toll, wie ich für Monika sorgte. Nur beim Steueramt erlebte ich Negatives. «Das Gesetz sagt, dass Sie etwas abziehen könnten, wenn Ihre Tochter daheim wäre. Solange sie im Internat ist, können Sie nichts abziehen», klärte mich der Beamte auf. Auch mein Einwand, es koste doch mehr, wenn ich sie auswärts geben müsse, nützte nichts. Er sagte: «Ich begreife Sie, aber ich kann nichts machen. Ich habe selber ein Kind einer verstorbenen Serviertochter adoptiert und deswegen fast meine Arbeit beim Steueramt verloren.»

Die Kirche hat viel dazu beigetragen, dass man sich gegenüber ledigen Müttern so intolerant verhielt. Ein uneheliches Kind war aus einer Todsünde entstanden!

Bestimmt hätte ich mein Schicksal nicht so gut gemeistert, wenn ich nicht eine derart strenge Jugend gehabt hätte. So habe ich gelernt, auf eigenen Füssen zu stehen. Vater hat für meine älteren Geschwister eine Versicherung abgeschlossen. Für meinen jüngsten Bruder und für mich hingegen nicht. Er sagte: «Die können einmal das Haus haben, in dem wir leben.» Doch es kam anders. Vater und der kranke Bruder hatten ja keine Krankenkasse.

Mit den Jahren setzte mir die Arbeit im Service immer mehr zu. Es war sehr anstrengend, bis zur totalen Erschöpfung. Einmal schlief ich nach dem Abrechnen am Tisch ein und wurde am Morgen von einer Frau geweckt, die mich fragte: «Haben Sie Frühdienst?» Dabei hatte ich die ganze Nacht mit dem Kopf auf dem Tisch geschlafen. Ich wollte mir unbedingt eine körperlich leichtere Arbeit suchen, am liebsten in einem Reisebüro arbeiten. Dabei kam mir der Zufall zu Hilfe.

Das war im Jahr 1974, als der Service inbegriffen eingeführt wurde. Der Schwanen wurde von zwei geschiedenen Frauen geführt. Einmal klagte ich mein Leid einem guten Gast, Herrn Bucher. Ich erwähnte, dass ich aus dem Service aussteigen müsse, wegen meines Rückens. Zu meiner Überraschung bot er mir eine Stelle an für die Inseraten-Akquisition bei seiner Lokalzeitung, dem «Rigi-Anzeiger». Ich sagte mit Freuden zu und schrieb meine Kündigung.

Eine meiner Chefinnen reagierte auf meine Kündigung: «Das ist nur ein Vorwand, weil der Service nun inbegriffen ist.» Da wehrte ich mich: «Aber Frau X., ich bin nun seit achteinhalb Jahren hier, und Sie scheinen mich immer noch nicht zu kennen!» Auch die Buffettochter, die schon dreissig Jahre lang im Betrieb war, wehrte sich für mich: «Frau X., Helene hat oft mit grossen Schmerzen gearbeitet und deswegen auch geweint.» Daraufhin entschuldigte sich die Chefin bei mir.

Dann fing ein neues Kapitel in meinem Leben an. Zwar verdiente ich auch an meiner neuen Stelle nicht viel, aber meine Arbeit bereitete mir Freude. Herr Bucher hatte viel Geld in die Zeitung gesteckt. Er war ein gutmütiger Mensch. Leider wurde er betrogen. Wenige Monate nach meiner Anstellung ging unsere Druckerei in Konkurs. Deshalb fingen wir an, mit einer anderen Druckerei zusammenzuarbeiten. Als der Druckereibesitzer den «Rigi-Anzeiger» übernehmen wollte, verkaufte ihm Herr Bucher die Zeitung. Ich konnte in Buchers Reisebüro wechseln.

Wir arbeiteten am Löwenplatz im Parterre und im ersten Stock. Viele unserer Kunden waren Touristen, die zum Löwendenkmal pilgerten, reiche Amerikaner, die ihre Ferien in der Schweiz verbrachten. Ich organisierte allerlei für sie: Hotels, Ausflüge. Das gefiel mir sehr gut. Bis zu meiner Pensionierung bin ich an dieser Stelle geblieben.

Monika wohnte nach ihren Ausbildungsjahren bei mir in Luzern und arbeitete im gleichen Betrieb wie ich. Wir wurden geschätzt, es war eine schöne Zeit. Hie und da konnten wir eine Reise unternehmen. Dies bot mir die Möglichkeit ein bisschen nachzuholen, wovon ich als junge Frau geträumt hatte.

Meine Tochter war mittlerweile zwanzig geworden und feierte den Tag mit ihren Freundinnen. Dann lernte sie ihren ersten Freund kennen, einen geschiedenen Mann, der 16 Jahre älter war als sie. Wenn sie abends spät nach Hause kam, machte ich mir Sorgen. Ich litt darunter, mit anzusehen, wie sich meine Tochter immer mehr in diese Beziehung verstrickte. Leider konnten wir nie offen darüber sprechen, und ich ahnte, dass uns eine schwierige Zeit bevorstand.

Als ich kurz nach Monikas 21. Geburtstag aus San Remo zurückkam, wo ich während eines Monats meine lädierte Achsel auskuriert hatte, fragte ich sie, ob sie ihren Geburtstag wieder mit Kolleginnen gefeiert habe. «Nein, ich war zu einem Essen bei Kerzenlicht eingeladen», gab sie zurück.

Kurz darauf lud ich Monikas Freund zu einer Aussprache ein. Das muss Monika in den falschen Hals gelangt sein, denn wenige Tage später, als ich von der Arbeit nach Hause kam, fand ich ihr Zimmer leer geräumt. Sie war ohne ein Wort des Abschieds ausgezogen. Ihre Stelle hatte sie ebenfalls aufgegeben. Ich wusste lange nicht, wo sie sich aufhielt. Nichts mehr von ihr zu hören war das Allerschlimmste! Ich ging nicht mehr ausser Haus, weil ich es als eine Schande empfand, dass mich meine Tochter verlassen hatte!

Sieben Monate nach Monikas Verschwinden vernahm ich über einen Vertreter von Orell Füssli: «Ich habe soeben Ihre Tochter gesehen, bei Möbel Meier im Büro.» Ich erfuhr, dass sie dort arbeitete, bei meinen Freunden, dem Ehepaar Meier! Als ich Frau Meier vorwarf, mich nicht benachrichtigt zu haben, wo Monika sei, erzählte sie mir, sie hätten gemerkt, dass meine Tochter von ihrem Freund loskommen wollte. Ihr Mann habe sogar für sie einen Aufenthalt in Kanada organisiert. Doch Monikas Freund schaffte es, sie davon abzuhalten.

Anfangs Dezember 1972 meldete sich auch meine Tochter. Sie fragte: «Kann ich an Weihnachten nach Hause kommen, so gegen sieben Uhr abends? Aber nur unter der Bedingung, dass wir nicht über meinen Freund reden.» Damit war ich einverstanden und freute mich auf ein gemeinsames Weihnachtsfest. Ich war noch am Christbaumschmücken, als Monika kam. Eine gute halbe Stunde später klingelte es, Monika eilte zur Tür. Nach einer kurzen Verabschiedung von mir holte sie im Keller ihre Skier und zog mit ihrem Freund von dannen. Es war brutal für mich zu erkennen, dass sie nur nach Hause gekommen war, um die Skier zu holen, und ich war sehr traurig, dass sie mich an Weihnachten ganz allein gelassen hatte!

Dann wusste ich wieder mehrere Monate nicht, wo sie war. Als ich im Juni 1973 einmal wegen einer Operation ins Spital musste, konnte ich nicht einmal die Adresse meiner nächsten Angehörigen angeben. Das war hart. Im gleichen Jahr erfuhr ich, dass sie mit ihrem Freund zusammengezogen sei. Auch von ihrem Stellenwechsel – zu einem Schwager ihres Freundes – vernahm ich nur über Dritte.

Wiederum viele Monate später brachte jemand eine Brosche von Monika zu mir nach Hause, aus Tunesien, wo sie als Hostess bei Hotelplan arbeitete. Ihr Freund sei ihr dorthin nachgereist. Als Nächstes wurde sie von Hotelplan nach Griechenland geschickt, wo es ihr sehr gut gefallen haben soll, wie mir eine gemeinsame Bekannte erzählte.

Eines Tages machte mich eine Freundin darauf aufmerksam, dass in der Zeitung unter den Zivilstandsnachrichten stehe, meine Tochter werde sich mit einem Griechen vermählen. Ich war überrascht und enttäuscht, dass sie mich nicht orientiert und zur Hochzeit eingeladen hatte. Vergeblich versuchte ich, Monika zu erreichen.

Wie ich über Dritte erfuhr, wäre sie anscheinend gerne in Griechenland geblieben. Ihr Bräutigam wollte jedoch unbedingt in der Schweiz leben. Nach vier Jahren Ehe wurde meine Enkelin geboren, drei Jahre später gebar Monika noch einen Sohn. Ich glaubte immer, dass es besser werde, wenn meine Tochter einmal selber Mutter wäre, aber es dauerte noch eine ganze Weile, bis wir wieder zusammenfanden.

Heute kann ich es geniessen. Natürlich habe ich in meinem Leben auch viel Schönes erlebt, beispielsweise meine Freundschaft zu Hedi.

Während unserer schwierigen Zeiten als junge Mütter teilte ich eine Zeit lang mit ihr ein Doppelzimmer an der Hirschmattstrasse in Luzern. Wir gönnten uns hie und da ein Essen im Waldstätterhof, das dem Frauenbund gehörte. Dort musste man kein Trinkgeld geben. Wir hatten all die Jahre nie Streit. Seit fast sechzig Jahren. Ich war oft ihre Ratgeberin. Wir haben uns immer gegenseitig Halt geboten und alles miteinander besprochen.

Das Leben einer alleinstehenden Mutter zu meiner Zeit war nicht einfach. Ledige Mütter hatten einen schwierigen Stand. Es gab keine Kinderkrippen. Traurig war auch, dass sich meine Familie meiner schämte und ich lange nicht nach Hause durfte.

Monika hat ihren Vater noch ein paarmal getroffen. Er hat spät geheiratet und ist vor ein paar Jahren gestorben.

Ich bin zufrieden, dass schlussendlich alles gut herausgekommen ist. Meine Tochter macht ihre Sache als alleinerziehende Mutter mit zwei Kindern und einem anspruchsvollen Job sehr gut, und wir pflegen heute ein gutes Verhältnis. Monikas Mann hat sich, ähnlich wie ihr Vater, seinen Verpflichtungen entzogen und interessierte sich jahrelang überhaupt nicht für seine Kinder. Er lebt in der Westschweiz. Moralische und teilweise auch finanzielle Unterstützung erhielt sie schlussendlich von ihrem ersten Freund, der auch Pate meiner Enkelin geworden ist.

Aufgezeichnet von Lucette Achermann

Ute (*1958)
Schauspielerin

> «*Dass ich keine Kinder habe, bereue ich. Aber im Bereuen,
> da steckt Reue drin, ich bin ja nicht schuldig.
> Bereuen ist kein schönes Wort. Ich würde es eher bedauern
> nennen. Bereuen ist so katholisch, als ob es eine Sünde wäre,
> kinderlos zu sein ...*»

Ich habe nie etwas visualisiert! So was Ähnliches wie viele Leute heute sagen: Man muss seine Wünsche ans Universum schicken oder man muss es sich vorstellen, dann passiert es auch – das funktioniert bei mir nicht.

Mein späteres Leben? Darunter habe ich mir als Kind gar nichts vorgestellt. Ich habe so in den Tag hineingeträumt. Irgendwann wollte ich in der Tat mal was werden. Wie fast alle kleinen Mädchen, vor allem wenn sie wie ich auf dem Land aufgewachsen sind, wollte ich Tierärztin werden. In der Schule habe ich es dann doch nicht geschafft, die Zensuren zu bekommen, um studieren zu können. Weil ich ein sehr selbstbewusstes Kind war, habe ich schnell viel Aufmerksamkeit auf mich gezogen. Ohne eigene Absicht wurde ich zum Mittelpunkt.

Als ich 14 war, ist ein Fotograf auf mich aufmerksam geworden, und ich habe angefangen als Fotomodell zu arbeiten. Ab da wollte ich Model werden. Natürlich, ganz klar! Viel Geld verdienen, durch die Welt jetten und so. Der Zahn ist mir aber ziemlich schnell gezogen worden, weil ich einfach die 175-Zentimeter-Marke nicht erreicht habe. Wenn man nur 159½ ist, wird man kein Model. Über die Modelagentur entdeckte mich eine Kinderagentin, die eigentlich nur Kleinkinder in der Schauspielagentur hatte. Als inzwischen 15-Jährige war ich schon ein ziemlich «altes» Kind. So habe ich angefangen, kleinere Rollen zu spielen.

Mir wurde eine Ähnlichkeit mit Audrey Hepburn nachgesagt. Die fand ich ganz toll, war verzaubert von ihr und habe sie bewundert. Selbstverständlich fühlte ich mich geschmeichelt, aber meine frühe realistische Einstellung sagte mir, dass ich so etwas wie die Hepburn nicht erreichen könne.

Im Kindergarten hatte ich einen «Schulschatz». Sie hiess Rebecca. Das Höchste unserer Freundschaftsbezeugungen war, dass wir uns gegenseitig in die Ohren gespuckt haben. Das war wie «Blutspuckeschwesternschaft».

Den Kindergarten mit lauter Mädchen leitete eine Nonne mit dem Namen Mathilde, die ich wahnsinnig gerne mochte. Sie war nicht streng wie die anderen Ordensschwestern, sondern lustig und hatte ein grosses Herz. Liess uns Kinder auch mal brüllen und herumkreischen, ohne uns dauernd zu massregeln.

Zu Hause gab es nicht viele Spielsachen, nur Steine oder Regenwürmer. Ich besass eine Kiste mit Bauklötzen und eine Tankstelle mit einer Parkgarage aus Metall. Da konnte man mit einer Kurbel die Autos hochfahren und von oben vor die Tankstelle fahren lassen. Ich hatte nie ein Kinderzimmer vollgestopft mit Spielzeug.

Nie habe ich Vater, Mutter, Kind gespielt. Als Kleinkind wünschte ich mir zwar immer ein «Schlummerle». Eine Puppe, etwa so gross wie ein Säugling, mit einem Körper aus Stoff und Bewegungen wie ein echtes Baby. Die habe ich nicht bekommen. Dafür bekam ich als Sechsjährige meinen ersten Hund mit Namen Poldi, den ich sehr liebte. Ich war ein Einzelkind. Meine Kindheit und meine Jugend haben eigentlich mehr Tiere als Menschen begleitet. Das war wohl sehr prägend, weil es noch immer der Fall ist!

In der Grundschule gab es auch Jungs. Etwa zwei Klassen über mir gab es einen Jungen, den ich anhimmelte. Ach, der war so was wie, wie …, er hatte blaue Augen, er war einfach schön! Wahnsinnig schön! Er hiess René und hat sich nicht die Bohne für mich interessiert. Aber irgendwann, so mit 14, habe ich erreicht, dass er mich zu seinem Geburtstag einlud. Ich durfte nicht hingehen, meine Mutter hat es mir verboten.

Als Kind konnte ich mir nie vorstellen, dass ich einmal erwachsen, heiraten und eine Familie haben möchte. Ich bin sehr selbstständig erzogen worden. Sommer und Winter musste ich allein in die Schule laufen, zwei Kilometer hin und zurück. Eines Morgens vergass ich, die Ölheizung abzustellen. Als ich nach Hause kam, lag mein Wellensittich tot im Käfig. Meine Eltern, die beide gleichzeitig von ihrer Arbeit zurückkehrten, rügten mich zwar, aber bestraften mich nicht. Ich war tieftraurig, weil ich die Verantwortung trug und selber schuld war.

Klavierspielen lernen, das war das Einzige, was ich wollte. Mein Vater, der sonst immer sehr grosszügig und tolerant war, fand, für eine 12-Jährige wäre es schon zu spät. Nun spiele ich kein Instrument, aber ich singe. Ich bin musikalisch, habe ein gutes melodisches Gehör und mein Rhythmusgefühl hilft mir bei meiner Arbeit. Natürlich könnte ich jetzt noch anfangen ein Instrument zu lernen, aber je älter man wird, umso mühsamer werden diese Dinge, und ich bin so faul geworden. Ich spreche Englisch, weil ich diese Sprache in der Schule gelernt habe. Immer habe ich einfach drauflos gesprochen. Wenn ich beispielsweise von der Schule mit dem Bus nach Hause fuhr und amerikanische oder englische Touristen mich nach dem Weg fragten oder wissen wollten, wann sie aussteigen müssen, plapperte ich einfach drauflos. Selbstbewusst. Im Gegensatz zu einer Mitschülerin, die den Mund nicht aufbrachte, weil sie ständig prüfte, ob die Satzstellung oder die Worte korrekt waren. Das begleitet mein Leben: Ich hatte selten Angst. Wenn man als fünf-, sechsjähriges Kind alleine ist und schon so früh Eigenverantwortung trägt und das immer so weitergeht, verliert man automatisch viele Ängste.

Mit 17 verliess ich die Schule und flog nach Berlin. Dort spielte ich meine erste grosse Rolle. In der Serie «Jede Woche hat einen Sonntag». Ich verbrachte ein Dreivierteljahr alleine in Berlin.

Am Tag meines 18. Geburtstags packte ich meine Koffer und zog zu Hause aus. Ich hatte ja schon recht viel gedreht und gut verdient, zumal das Geld damals wesentlich viel mehr wert war als heute. Viel mehr! Meine Eltern legten mein Geld auf ein Sparkonto an, über das ich ab 18 frei verfügen durfte. Ein Freund half mir bei der Wohnungssuche. Stolz auf meine Unabhängigkeit und frei vom Druck meiner Eltern zog ich in mein eigenes Refugium. Weder in Berlin noch in meiner ersten eigenen Wohnung gab es Männerbekanntschaften. Ich habe Männer nur immer angeschwärmt, passiert ist nie etwas. Das kam alles viel später. Trotz meines Selbstbewusstseins bin ich ein schüchterner Mensch geblieben.

Obwohl ich keine Schauspielschule absolviert hatte und nie als Elevin auf der Bühne die grossen, tragischen Jugendheldinnen verkörperte, konnte ich mit 29 Jahren schon eine beträchtliche Schauspielkarriere vorweisen. Nichtsdestotrotz nahm ich privaten Sprechunterricht bei Annemarie Hanschke und Ballettunterricht bei Paul van Emde. Mein Erfolg hing wahrscheinlich damit zusammen, dass ich einen starken Spieltrieb und eine grosse Fantasie besitze.

Mit 33 wurde ich zu irgendeiner Talkshow vom NDR (Norddeutscher Rundfunk) eingeladen. Mein Name und die Berufsbezeichnung wurden eingeblendet. Doch bei mir stand nicht: Ute Willing/Schauspielerin, sondern Ute Willing/Komödiantin. Das hat mich erschreckt und beleidigt. Ich bin eine Schauspielerin. In diesem Augenblick dachte ich: Jetzt musst du was ändern. Obwohl ich bis dahin neben Komödien auch in vielen sozialkritischen Filmen mitgespielt hatte, steckte man mich in eine für Deutschland typische Schublade. Da gehörte ich nicht hin. Zwei Jahre lang habe ich aufgehört, Rollen in Komödien zu spielen, und alle diesbezüglichen Angebote abgesagt. Das war eine sehr schwere Zeit, ohne Arbeit.

Unter Depressionen habe ich nicht gelitten, aber ich bekam irgendwann Existenzangst. Meine Ersparnisse schwanden dahin und damit die Hoffnung auf andere Rollenangebote. Geplagt von Selbstzweifeln: «Herrgott noch mal, was denkst und wer bist du eigentlich? Was hast du gegen Komödien? Das ist doch nichts Schreckliches.» Natürlich nicht. Eine Komödie ist das Schwerste, was man als Schauspieler spielen kann. Dann war ich so weit, aufzugeben. Ich musste ja schliesslich auch essen und trinken, meine Miete bezahlen. Rollenangebote abzusagen ist immer ein grosses Wagnis, weil der Platz schnell von jemand anderem besetzt wird.

Ich habe die Erfahrung gemacht, dass die Männer, mit denen ich zusammen war, mir nie geholfen haben. Wahrscheinlich hatte ich Männer, die immer schwächer waren als ich. Zumindest in Zeiten meiner Schwächen. Männer brauchte ich nicht wirklich. Ich habe sie zwar geliebt, aber ich brauchte sie nicht, um eine gewisse Sicherheit zu haben oder um mich moralisch zu unterstützen. Ich regelte alles allein. Die Konsequenzen eines Autounfalls erledigte ich, ohne meinen Freund verzweifelt anzurufen und um Hilfe zu bitten. Das meine ich mit: «Ich brauche keinen Mann.»

Ich glaube, Männern ist es sehr wichtig, gebraucht zu werden. Frauen auch. Aber die Beschützerrolle auszuleben ist für Männer wichtiger. Am Anfang verlieben sich Männer meist in mein Selbstbewusstsein und meine Selbstständigkeit, aber dann fehlt ihnen das Weibchen, das sie beschützen können. Ich liebe es, verwöhnt zu werden, wie andere Frauen auch. Ich schätze es, wenn um mich geworben wird, der Mann mir die Tür aufmacht, mich im Restaurant vorgehen lässt, mir aus und in den Mantel hilft und wenn ich Blumen und Komplimente bekomme. Das eine schliesst das andere nicht aus.

Der Mann, der mich so geliebt hat, wie ich bin, und mit dem ich mir gut hätte vorstellen können, eine Familie und Kinder zu haben, war wahrscheinlich dafür noch nicht reif genug. Ein Schauspieler und Regisseur. Fünf Jahre jünger als ich, ein kluger, humorvoller Mensch. Er war der Erste, der in mir den Wunsch weckte, eine Familie zu gründen. Er versuchte mit Raffinement, von unserer «gemeinsamen Strasse» abzubiegen, und überliess es mir, die Entscheidung zu treffen. Das Ende einer heftigen Diskussion war: «Gut, wir gründen eine Familie, unter der Bedingung, dass du bei unserer nächsten Arbeit ohne Widerspruch meiner Inszenierung folgst.» Erpressung! Ich sollte ihn begeistert anhimmeln und alles grossartig finden, was er machte. Ich kann das nicht. Hätte ich mich untergeordnet, wäre er letztendlich mit einer Familie einverstanden gewesen. Das hat mich sehr enttäuscht, und ich habe mich von ihm getrennt.

Ob er meine grosse Liebe war? Im Nachhinein weiss ich nicht, ob da mein Wunsch nicht viel grösser war als die Liebe. Es wäre schön, das zu wissen. Dass man sagt: Das war meine grosse Liebe, er hat mich zwar nicht mit dem Hintern angeschaut, aber das war meine grosse Liebe. Denn sonst könnte auch Brad Pitt meine «grosse Liebe» sein. Ich bin keine Masochistin. Dennoch glaube ich, dass zwei Menschen sich gleich lieben können.

Bis zu meinem 35. Lebensjahr musste ich, trotz meines Vorsatzes, weiterhin in Komödien mitspielen. Erst ab dann gelang es mir, endgültig ins ernste Fach zu wechseln. Das ging eigenartigerweise einher mit der Trennung von diesem Mann. Ganze vier Jahre brauchte ich, um zu entscheiden: Jetzt mache ich einen ganz harten Schnitt. Das TV-Interview von damals war eine Art Initialzündung.

Ein Höhepunkt in meinem Leben nach der Arbeitslosigkeit war, als ich anfing, für die Filmhochschulen zu arbeiten. Ein Professor aus Ludwigsburg fragte mich, ob ich bereit wäre, mit den Studenten zu arbeiten. Als Schauspielerin mit meiner Erfahrung und meinem Können zur Verfügung zu stehen. Am liebsten arbeite ich mit jungen Leuten, die für ihre Projekte noch brennen. Dabei lernte ich viele angehende Regiestudenten kennen und eine Regiestudentin, in deren Diplomfilm ich die Hauptrolle spielte. Natürlich unentgeltlich. Zwei Jahre später engagierte sie mich für die Hauptrolle in einem ZDF-Fernsehspiel, in dem ich eine Krebskranke darstellte.

Wenn ich nochmals von vorn beginnen könnte, würde ich den Zeitpunkt, als ich sehr erfolgreich war, besser nutzen. Zum Beispiel im Vertrag festlegen, dass ich, wenn ich Theater spiele, auch eine Regie machen kann. Oft ist die Zeit, in der man oben ist und Macht hat, begrenzt. Die meisten wissen das nicht. Keiner gibt ihnen den Rat, Geld zu sparen oder sich ein zweites Standbein zu schaffen. Man denkt, es geht immer weiter. Dem ist aber nicht so. Ich wusste, dass ich Regie machen wollte, dachte jedoch, das hat ja noch Zeit. Ich habe den Augenblick verpasst, an dem ich die Weichen stellen konnte.

Eine Regie im zweiten Hinterhof ist einfach. Arbeitslose Schauspieler zusammenzutrommeln, die gerne arbeiten wollen, die man für ein Projekt begeistert, ist kein Problem. Das Problem ist, in einem offiziellen Theater Inszenierungen zu machen, die von einem breiten Publikum gesehen werden. An staatliche Bühnen ist nicht heranzukommen, nur an Privattheater über Beziehungen. Auch eine langwierige Sache, weil der Spielplan eineinhalb Jahre vorher festgelegt wird und sich freischaffende Künstler nicht zu früh festlegen wollen. Ja, das Leben ist kein langer, ruhiger Fluss.

Dass ich keine Kinder habe, bereue ich. Aber im Bereuen, da steckt Reue drin. Ich bin ja nicht schuldig. Bereuen ist kein schönes Wort. Ich würde es eher bedauern nennen. Bereuen ist so katholisch, als ob es eine Sünde wäre, kinderlos zu sein. Mit 18 Jahren bin ich sofort aus der katholischen Kirche ausgetreten. Sowie ich aus der Wohnung meiner Eltern ausgetreten bin, bin ich auch aus der Kirche ausgetreten. Von Zwängen erlöst!

In meiner grosszügigen Single-Wohnung gibt es kein Gästezimmer. Das hatte ich früher. Mit meinen fünfzig Jahren habe ich begonnen, mein Alter einzurichten. Als ich jung war, habe ich nicht daran gedacht, wie meine Zukunft aussehen könnte. Ich gehe mal davon aus, dass ich dem «Prinzen» nicht mehr begegnen werde, ich glaube nicht, dass er auf dem Schimmel oder mit dem weissen Porsche vorbeikommt. Nichtsdestotrotz bleibe ich dafür offen. Ich mache keinen Haken hinter mein Selbst, aber ich stelle mich darauf ein, dass es nicht passieren wird. Auf diese Art und Weise kann ich auch nicht enttäuscht werden. Das ist praktischer Selbstschutz. Wirkliche Angst vor Enttäuschungen habe ich nicht, denn wenn man viel enttäuscht wurde, gewöhnt man sich daran. Du versuchst aus allem das Beste zu machen, in Beziehungen und Beruf. Je älter man wird, desto bitterer werden die Enttäuschungen, weil sie viel Kraft kosten. In jungen Jahren steckt man so was leichter weg. Man stolpert, und wenn man hinfällt, steht man gleich wieder auf und sagt: «Pah, ist mir doch egal!» Je älter man wird, umso schwieriger wird das. Man fällt schneller hin, es ist schwieriger wieder aufzustehen und noch schwieriger zu sagen: «Pah, jetzt erst recht!»

Wann immer man jemanden kennenlernt, in den man sich verliebt, denkt man zwangsläufig: Wie lange kann das dauern? Mit zwanzig denkt man sowieso: Ah, das wird ewig dauern. Der Nachteil meines Alters ist vielleicht, dass ich die Menschen viel schneller durchschaue. Ich wechsle mit jemandem drei, vier Sätze und weiss schon Bescheid. Früher konnte ich die ganze Nacht mit jemandem diskutieren und war einfach nur begeistert von der Augenfarbe meines Gegenübers oder seinem Mund. Irgendwann hörte das auf. Augen, Mund, Haarfarbe, ob Bauch oder kein Bauch, ist völlig egal. Es geht dann vielmehr um Inhalte. Ich bin nicht mehr naiv und misstraue viel schneller.

Meine Freunde sind meine geistigen Tankstellen. Mit ihnen über Gott und die Welt zu diskutieren gibt mir Halt und baut mich auf. Oder einfach allein mit dem Hund durch den Wald spazieren. Automatisch nachdenken, obwohl man gar nicht nachdenken will. Das Gehirn arbeitet von ganz alleine. Und das ist gut. Oftmals löst sich ein Problem einfach auf. Wie Dampf. Natürlich gibt es Dinge, die mich belasten. Seelische Schmerzen sind viel schlimmer, gegen körperliche Schmerzen gibt's Tabletten. Über ehrliche Gespräche gelingt es mir jeweils, alles wieder in den Griff zu kriegen. Für mich ist ein Freund kein Freund, wenn er mich belügt, mich beschwindelt, weil er mir nicht wehtun möchte. Es ist besser, ich bekomme etwas Wahres gesagt und kann mich damit auseinandersetzen, um es dann für mich zu lösen. Lieber ein Schrecken mit Ende als ein Schrecken ohne Ende. Wir werden so erzogen, den andern bloss nicht wehzutun, uns immer zurückzuhalten. Selbst ein guter Freund sagt dem anderen nicht: «Du hast Mundgeruch, tu was dagegen!» (Okay, das ist ein banales Beispiel.) Das *sagt man nicht* – weil es der Anstand verbietet. Freunde sind mir sehr wichtig. Ich habe gute Freunde, die mir alles sagen.

In der Gesellschaft integriert zu sein heisst für mich: nicht aufzuhören, sich in einer menschenwürdigen Form zu bewegen. Zu helfen, wo man kann, sich bei Ungerechtigkeiten einzumischen, sich zu wehren. Es ist schon fast zu einem Hobby geworden, an der Bushaltestelle Wartenden anzubieten, sie ein Stück mitzunehmen, wenn ich weiss, der Bus kommt erst in 20 Minuten und es hat minus 12 Grad.

Meine gegenwärtige Geistesverfassung ist ein wenig träge. Die Sonne scheint zu wenig. Mit Sonne kann ich schneller und besser denken. Ohne Sonne bin ich wie Laub, verfärbe mich und alles stirbt ein bisschen. Als Sonnenmensch bin ich sehr jahreszeitenabhängig. Ich fliege gerne auf die Seychellen und wünsche mir, mit siebzig dorthin zu ziehen und bis zu meinem Ende zu bleiben. Dann ist es wenigstens warm, wenn ich sterbe.

Was mir in meinem bisherigen Leben immer geholfen hat, ist, die Dinge positiv zu sehen. Sich nicht fallen zu lassen in ein negatives Spinnennetz. Ich lese aber keine dieser «Glaubensbücher», wie *The Secret,* das im Augenblick so modern ist. Einige meiner Freunde visualisieren ihren Wunsch tagelang, schicken ihn ans Universum, und nichts passiert. Ich glaube an die Kraft meiner Persönlichkeit. Ich glaube nicht, dass es irgendwo ein Wesen gibt, das ich anflehen und um etwas bitten kann. Es gibt keine Hölle und keinen Himmel! Ich kann nicht zu Hause sitzen und mir wünschen, mit dem einen oder andern einen Film zu drehen oder ein Theaterstück zu spielen. Ich brauche ein Gegenüber, einen Menschen, den ich davon überzeugen kann, dass ich die Richtige dafür bin.

Was ich gerne mache, nenne ich: ein Kerzengeschäft erledigen. Ich gehe in die Kirche und spende Kerzen. Damit helfe ich auch dem Pfarrer, dass er Kuchen für alte Damen kaufen kann, die zu ihm ins Pfarrhaus kommen. Die Kirche will ja immer Geld von einem! Es gibt kein Kirchenfest mit einer fröhlichen Grundlage. Alles hat mit Schrecklichkeiten zu tun. In der Kirche sehen wir einen gefolterten Mann am Kreuz hängen. Kindern wird die Hostie auf die Zunge gelegt, mit den Worten: Das ist der Leib Christi … Ich habe damals so bitterlich geweint und geschrien, dass mich meine Eltern aus der Kirche bringen mussten. Schon Maria und Josef wurden abgewiesen und fanden keinen Platz, um das Kind zu gebären.

Wenn ich eine Kerze anzünde, denke ich zum Beispiel an die Menschen, die gestorben sind, die ich geliebt habe. An einem Ort, wo es still ist, hilft das. Eine Bündelung der Gedanken nenne ich das, andere nennen es Meditation.

Ob das Single-Dasein negativ oder positiv ist, kann ich schwer beurteilen. Single sein heisst ja nicht, dass man alleine in einem Raum sitzt und stundenlang vor sich hinstarrt. Wenn ich nach Hause komme, erwartet mich mein Hund. Ein wunderbarer Lebensgefährte. Er liebt mich, egal wie ich bin, egal wie ich aussehe, egal ob ich Erfolg habe, egal ob ich reich bin.

Das Haus, in dem ich lebe, ist gestaltet wie eine WG. Wir sind fünf Parteien, alle miteinander befreundet. Wenn ich alleine sein will, bin ich allein, und wenn ich es nicht will, bin ich nicht allein. Insofern ist mein Single-Dasein vielleicht ein bisschen einfacher. Es ist kein Drama. Ich teile mein Leben nicht mit einem Menschen, sondern mit mir.

Das Schlimme ist, je mehr man alleine ist, umso mehr zementieren sich die Marotten, die man im Alltag annimmt. Ich wüsste nicht, wenn jetzt jemand hier leben würde, ob das gut ginge. Ich müsste mich langsam wieder daran gewöhnen. Der andere bestimmt auch. Ich will ja niemanden umziehen. Warum kann man den Partner, den man liebt, nicht einfach so akzeptieren, wie er ist? Ich würde nicht wollen, dass ein Mann an meiner Seite ist, der versucht, mich zu ändern. Ich würde das auch nicht tun. Wenn jemand etwas an seinem Verhalten ändert, weil er begreift, dass er dem anderen wehtut, dann ist es was anderes.

Wenn ich bei einem Interview gefragt werde: «Haben Sie einen Lebenspartner?» und antworte: «Nein», kommt ein knappes «Ach so». Dann bin ich suspekt. Die Leute denken sofort: Warum? Wenn aber keiner gekommen ist, der richtig gepasst hat, dann ist es nun mal so. Ich kann mir ja auch nicht den Richtigen backen. Bloss nicht irgendeinen anstelle von keinem. Ich brauche den Versorger nicht. Diese Partnersuche ist ja (auch) eine ganz archaische Geschichte. Frauen suchen häufig einen Partner, der natürlich auch die Brut, das heisst die Nachkommen, versorgen kann. So wie sich eine Löwin immer den stärksten Löwen sucht. Genau so sucht jede Frau aus jeder Schicht natürlich den für sie besten Versorger. Das stärkste Männchen! Aber wenn man das starke Männchen nicht findet, was soll man tun?

Eigentlich führe ich Streitgespräche lieber mit Frauen, weil Frauen ehrlicher sind. Wenn ich jedoch Probleme mit meinem Partner hatte oder irgendetwas nicht verstanden habe, dann habe ich immer meinen besten Freund um Rat gefragt. Ich habe gefragt: «Sag mir mal, was hat das zu bedeuten? Wenn er das und das sagt, meint er das auch oder meint er was anderes?» Männer sprechen einen anderen Dialekt. Die Frauen verstehen das zwischen den Zeilen nicht. Eigentlich möchte ich sie verstehen, deswegen würde ich gerne Gedanken lesen können. Das, was gesagt wird, und das, was gedacht wird, ist manchmal was ganz anderes. Meine Freunde sind ehrlich mit mir, aber ein Partner nicht immer. Er strebt nach seinem Vorteil. Selbst beim ersten Kennenlernen ist das so. Ein sehr guter Freund, der leider nicht mehr lebt, verriet mir mal: «Glaube ja nicht, wenn ein Mann sich mit dir unterhält, dass er nicht an Sex denkt.» Das war für mich völlig überraschend. Weil ich immer gedacht habe, wenn ich mich mit einem Mann unterhalte, dann unterhalte ich mich mit dem Menschen. Es wäre mir nicht in den Sinn gekommen, dass er daran denkt, mit mir Sex zu haben, oder sich vorstellt, wie es mit mir im Bett wäre. Als Frau denke ich nicht daran, wenn ich mit einem Produzenten über meine Gage diskutiere. Männer denken an Fortpflanzung, Arterhaltung, an Sex. Wir Frauen sind die Bewahrerinnen.

Für mich wird Sex immer unwichtiger. Das hat auch damit zu tun, dass ich im Klimakterium bin. Der Körper stellt sich um, ich kann keine Kinder mehr bekommen. Meine Attraktivität für Männer verblasst. Natürlich gibt es immer noch ein Flirten. Das finde ich schon wunderbar, was aber nicht heisst, dass ich dem nachgebe. Wenn ich keine Schmetterlinge im Bauch spüre und wenn da nichts flirrt, dann lass ich es.

Ich habe mir einen Nusshaufen zusammengesammelt, so wie das Eichhörnchen für den Winter tun. Wenn ich diese Ersparnisse nicht hätte, wäre ich von Existenzangst getrieben. Man strahlt diesen Druck aus. Regisseure, Redakteure und Produzenten mögen es nicht, wenn sie jemandem begegnen, der unter Druck steht, sie fühlen sich dann selbst unter Druck gesetzt. Das ist wie ein Geruch, den du versprühst. Der ist schwer zu überspielen, obwohl wir Schauspieler sind. Als würdest du auf der Bühne stehen, den Text sprechen, aber ihn nicht beherrschen. Das Unterbewusstsein spürt das. Wenn ich jemanden Scheisse finde, dann kann ich noch so nett zu dem sein, er wird immer merken, dass ich ihn Scheisse finde. Ich merke das bei anderen auch.

Das Leben wird immer härter. Überall. Ab einem gewissen Alter verliert es seine Leichtigkeit. Ich gebe nicht auf, sie wiederzufinden.

Aufgezeichnet von Irène Hubschmid